箪笥の友だ

警察学校の

蓑山奇譚

深夜のねぎ

よっさん

恋慕の淵

七年前の夏、占い師の佐々木さんは、とある女性客に惚れられた。

彼女の名前を、仮にAとしておく。

当時、Aは佐々木さんの店に熱心に通っていた。初来店は一年ほど前。それから次第に訪れる頻度を高めつつ、来る度に長居するようにもなっていった。

佐々木さんの専門は西洋占星術とタロットカード占い。彼の店は懐古趣味のインテリアが特徴だった。雑貨店を兼ねており、西洋の骨董品やブリキの玩具、アンティーク風の小物やアクセサリーを商っていた。また、店内の片隅にカフェ・コーナーも備えていたので、常に従業員を一人か二人、置くようにしていた。

そんな店を、立地に優れた東京の下町で、ランチタイムから二三時まで開けていたので、おのずと、占いや買い物が済んだ後でカフェ・コーナーに立ち寄る客も多かった。

とはいえ、三日と開けずに来ては、その都度、何時間も居るのはAだけであった。

平日は宵の口から閉店時間まで、週末は正午ぐらいから日が暮れるまで。

しかし佐々木さんは、彼女に長居されても迷惑だとは思わないばかりか、むしろ歓迎していた。

なぜなら、初めて来た客が、店内にAの姿を認めた途端に表情を緩めたことが一度や二度ではなかったから。

「客寄せに貢献してくれていると思っていました」と彼は言う。

客が、表の通りから窓越しに店内を覗いたときに、あるいは店に入って見回したときに、センスの良い調度品の一部のようなAの姿が目に入る——歳の頃は三五、六と、彼の店の客層とおおむね重なっていて、どこか垢ぬけつつも控えめなファッションに身を包んだ、理想的な大人の女性を具現化したかのような。

立ち居振る舞いが洗練され、微笑《ほほえ》みを絶やさないAは、従業員の受けも良かった。

Aは誰に対しても無闇に話しかけてこないが、こちらから声を掛ければ、いつも当意即妙な言葉で和やかに応えて、適度に会話が続いた。

さらに彼女は、温かい紅茶とケーキかサンドウィッチを毎回注文して、適宜にポットのお代わりをし、雑貨も度々購入してくれる、ありがたいお得意さんでもあった。

何度か占ったが、安定と平和を表す託宣しか出ず、不吉の陰も無い。

だから好きなだけ店にいさせていたのだが……。

結果的に、週に何度も長時間、二人で空間を共有することになった次第だ。

当初、佐々木さんは、顧客と恋愛関係に陥ることはプロとして厳に慎まなければいけないと自ら肝に銘じていた。

だが、夏の盛りのある日、涼やかな衣装をまとって現れたAは、ことのほか美しかった。

また、その晩は熱帯夜で、陽が落ちても客足が伸びず、二人で会話する機会がいつもより多かった。佐々木さんは独身で四十代前半。恋人がおらず、夜の予定は空いていた。

やがて閉店時刻となり、従業員が帰り支度を始めた。

するとAが、立ち去りがたそうに佐々木さんの方へ思わせぶりな視線を投げかけてきた。

それを秋波と解釈した佐々木さんを、いったい誰が責められるだろう。

「ご自宅まで車で送りましょうか？」

うっかり、そんな台詞《せりふ》が口をついて出た。俄然、先々まで想像をたくましくした彼を、Aは、しっとりとした伏し目になって受け留めた。

「お言葉に甘えてもよろしいんですか。ご迷惑じゃありません？」

その声と表情の艶《つや》っぽいこと……。従業員が何かを察して帰っていったのを幸い、佐々木さんはAに近づいて、優しく抱き寄せんがために、両手を前に伸ばした。

トスン!


突然、変な音に水を差されて、佐々木さんは「なんだ?」と辺りを見回した。

Aの方が彼に先んじて音の正体を発見し、「あれかしら」と店内の一隅を指差した。

見れば、仔熊を模《かたど》ったぬいぐるみが床に落ちていた。

しばらく前に入荷したアンティークのテディベアで、値札を付けて商品棚に展示していた。棚板に深く腰掛けさせていたので、勝手に落下するわけがない。

佐々木さんは少し薄気味悪く感じながら、黙ってそれを拾い、元の場所に戻した。

そして気を取り直して「じゃあ、行こうか」とAを店の出入り口へと促した。

途端に、今度はレコード・プレーヤーが勝手に音楽を奏でだした。クラシックのピアノ曲だが、そんなレコードをセットした覚えもなかった。

「付喪神《つくもがみ》のしわざかな」と彼は内心の動揺を抑えて笑顔を作るとAに話しかけた。

Aは、やや蒼ざめた顔でぎこちなく微笑み、「どれも骨董品ですものね」と言った。

すると、言い終わったタイミングで、照明がいきなり落ちた。

暗闇をAの小さな悲鳴が震わせた。

「大丈夫だよ！」と佐々木さん彼女をなだめようとした。「電気系統のトラブルかな」と努めて平静を装った……が、しかし壁にある店内照明の電源スイッチを手探りで押してみたところ点灯したので、厭《いや》な感じを覚えざるを得なかった。

旧式のターンスイッチだ。こうやって点いたからには、誰かが押して消したはず。

この現象に何か合理的な理由が欲しかったが、Aはスイッチから一メートル以上も離れた場所にいた。

「とりあえず出ましょう」

せっかくいい雰囲気になりかけたのに、と彼は残念でならなかった。

とにかくAを家まで送るだけでも……と思い、店の駐車場へ誘った。ところが、自分の車のドアをリモコンで開錠しようとしたら、リモコンが効かない。手動でドアを開けて、エンジンを掛けようとして、バッテリーが上がっていることに気がついた。

「なんてことだ！　これは言い訳に聞こえると思いますが、ライトを消し忘れた覚えはないんですけど……。まったく今夜はどうかしている。次から次へと……。すみません。こんなことになっちゃって。これからＪＡＦに連絡しますが、もう夜も遅いし、Ａさんはお帰りになった方がいい。料金は僕が出しますから、タクシーを呼びましょう」

佐々木さんは、今夜はあきらめるしかないと思っていた。

だから彼女が「いいえ、私もここで一緒にＪＡＦを待ちます」と応えてくれたときは、そこまで僕のことを想ってくれているのか、と、望外の喜びを感じたのだった。


およそ二時間後、佐々木さんはＡを助手席に乗せて、多摩川沿いの道を車で走っていた。

――Ａが、店から車で小一時間も掛かる隣県に住んでいたのは、たいへん意外だった。

「てっきり都内にお住まいだとばかり」と驚いた彼に、Ａは「佐々木さんのお店は、私の会社からはすぐですから」と応えた。だから常連になることには負担を覚えなかったと言いたそうだったが、平日、終電に飛び乗って帰っていたことは明らかだった。

彼は、このとき初めて、Ａの想いをやや重く感じた。

彼女が店の近所に住んでいて、ごく気軽に立ち寄ってくれているうちに、少しずつ打ち解けて、自分に好意を抱いてくれたのだと思いたかったのだ。

だが事実は違い、平日は終電で帰り、仕事が休みの日には遠くから電車を往復して通っていたのである。それを一年も続けるためには、ひとかたならない熱意が必要だ。執着と言い換えてもいいだろう。

もう一つ、さらに彼を困惑させたことがあった。

車に乗ってから、彼女が態度を豹変させて、濃い色気を発散しはじめたのだ。

「私は、もうそういうつもりだから」などと囁《ささや》き、しなだれかかってきたのである。

それで、狩られる獣の気分に陥った。

執念深く狙いを定めて、今夜ついに飛び掛かってきたわけだな、と、彼は悟った。

このまま素直に喰われてしまうべきなのか、どうか。

罠に掛かったような気がし、胸の奥で「ヤバい」と本能が警告を発しはじめた。

「今日も凄く暑かったですよね。私、早くシャワーで汗を流したくてたまらないんです」

「……あと少しで着きますから」

「まさか真っ直ぐ帰れなんて言いませんよね？　あ、そうだ！　この辺に池があるんですよ。ちょっと見に行きません？」

「池？」

「ええ。水辺は涼しくて気持ちいいですよ。気分転換にちょうどいいんじゃないかしら」

たちまち、夜風がわたる水面が頭に浮かんだ。気分転換は確かに必要だと思った。

「へえ。いいですね」と彼はいくぶんホッとしてAに答えた。

それは多摩川の河川敷にあり、到着したのは零時を少し過ぎた頃だったが、道路沿いに並ぶ街灯と、そばに二軒並んで建つラブホテルのネオンの明かりのお蔭で、迷うことなく水のほとりに近づくことができた。

Aは池と言ったが、正確にはワンドである。多摩川の本流に接続した一種の淵が大きく膨らんで、あたかも池のような体を成しているのだった。

漆黒の水面を風が吹き過ぎて……そう、たしかに涼しくはあったが……思わぬ先客の姿を対岸に認めて、佐々木さんはギョッとして立ち止まった。

一組の男女が、ひっそりと肩を並べて向こう岸に佇んでいたのである。

五〇代後半か、六〇代か。やや年輩の夫婦のように見受けられた。女性の方はシャツ衿の付いた派手な柄入りのワンピース、男性はパンタロン・スーツという、揃って七〇年代風のレトロなファッションに身を包んでいる。だが、お洒落な印象は皆無で、なんだか痛々しいばかりだった。

そんな二人が、揃って深くうなだれて池を見つめたまま、石像のようにじっとしている。

――そこのラブホテルの客だろうか。

そんなことを思っていると、「どう？」と彼に問いかけながら、Aが彼の腕にしがみついてきた。豊かな胸のふくらみに肘の辺りが沈み込んでハッとした。

甘やかなフローラル系の香りがAの全身から立ちのぼって、理性を蕩《と》かしてゆく。

彼女はラブホテルの建物を指差して、「ねえ、どうする？」と彼に囁きかけた。

つい今しがたまで及び腰だったのに、魔法に掛けられたかのように、心の針が一気に欲望サイドに傾いてしまった。


隣り合うラブホテルのうち、建物が新しめな方に入った。

建物に足を踏み入れると黴臭さが鼻をついた。

フロントの辺りだけかと思ったら、廊下に歩を進めても臭う。

悪臭のせいで情熱が冷めてきて、「なんか臭くない？」と佐々木さんはAに訊ねた。

Aは、「そう？」とだけ言って、うきうきした表情で腕を絡めてきた。

ちょうどエレベーターの前に着いた。ボタンを押そうとした、そのとき。

チーン。

やや古い機種のエレベーターの音が廊下に鳴り響き、扉が開いた。

と、その中に、佐々木さんたちに背中を向けて、年輩の男女がこちらに尻を向け、壁の方を向いて立っているではないか。

「わっ」

特徴的なその服装。顔は見えないが、ワンドのほとりにいた二人に違いなかった。

佐々木さんは叫んで、後ろに飛び退《すさ》った。

見間違えようがない。だが、ありえない。

「どうしたの？　行きましょ？」

Aに明るい声で話しかけられて、目を剥《む》いた。

振り向くと、彼女はキョトンとして「なぁにぃ？」と首を傾げて見せた。

そして、すぐに甘えた声で「早くぅ」と言って彼の腕を掴んだかと思うと、想定外に強い力でエレベーターの中に彼を引っ張り込んだ。

逃げる間もなく扉が閉まる。すぐに上昇が始まった。

年輩の男女は、壁を見つめて立ったままである。

――Aの目には彼らの姿が映らないのだろうか？

普通は怖がると思うのだが。それとも、よほど性欲に駆られているのか？

エレベーターに乗ると、ますます媚態をエスカレートさせ、彼に四肢を絡みつかせてきた。ふだんの知的で上品な態度からは想像がつかない、淫《みだ》らな誘いっぷりだ。

逃れようとすればするほど激しく抱きつかれて、どうにもならない。

やがてエレベーターが停止して扉が開くと、佐々木さんと彼女は、もつれあいながら廊下にまろびでた。部屋の前に辿り着くと、彼女は「貸して」と言って、彼の手から鍵をもぎとり、素早く部屋のドアを開けた。

肥《ふと》った男が後ろ向きに、玄関に立ち塞がっていた。

黒いポロシャツの裾をチノパンのウエストに窮屈そうに突っ込んだ、短く髪を刈り上げた男が、借りたばかりの部屋の出入り口の三和土《たたき》に、うっそりと立っている。

凍りつく佐々木さんを尻目に、「あら、いい部屋じゃない？」とAは言い、男の身体を擦り抜けて部屋の中へ……。

「Aさん！」

「何？　早く来て。あぁ、冷房がきいてて気持ちいい。服、脱いじゃおうかなぁ」

Aは躍るような足取りでベッドの方へ向かい、玄関を塞いでいる男の肩越しに佐々木さんに熱い視線を投げ、あからさまに挑発しはじめた。

「ねえってばぁ。早くぅ。私、焦らされるとたまらなくなっちゃうの」

「わからないの？　おかしなものがいるんだよ！　逃げないと！」

佐々木さんはAを連れ戻すため、黒いポロシャツの男の横をすり抜けて、部屋に入った。背後でドアが異常に大きな音を立てて閉まった。反射的に振り返り、その結果、玄関の男の顔を見てしまった。

平凡な造作で、ぼんやりと床を見つめているが、まばたき一つしない。呼吸をしているとは思えない、蝋人形のようなその顔を。

「佐々木さぁん、こっち見てぇ」

Aの甘い声。今度はそちらを振り向くと、早くも下着姿になった彼女の姿と、その奥のガラス張りのバスルームが目に飛び込んできた。

ガラスの壁を透かして、赤い液体で満たされたバスタブと、その縁に後頭部を乗せて白目を剥いている男。漂白されたかのように血の気を失ったその顔立ちに、見覚えがあった。

池のほとりに佇んでいた年輩の男女の、男の方に相違なかった。

連れの女の姿は見えないが、ヒーヒーとすすり泣く声がバスルームから聞こえてきた。

そしてAは、

「こんな私で、ごめんなさい」

大小の古傷に全身を覆われていた。

切り傷、火傷、あとは原因が何だかわからない傷痕が、胸と腹部、太腿のあらかたをみっしりと埋め尽くしている。

「醜い私を許して！　好きなようにしていいから。ね、お願い、抱いて！」

「そんな場合じゃないって！」

「傷があるから？　だから嫌いになったの？」

「そうじゃない！　とにかく、行こう！」

力づくで服を着せて連れ出そうとすると、Aはヒステリックに泣きじゃくった。

しかし、かわいそうだと思う心の余裕はもはや無かった。

彼女の傷痕。浴槽で死んでいる男。黒いポロシャツの男も、まだ玄関にいる。

正気を保つのが精一杯だった。部屋からAを引きずり出してエレベーターに乗ろうとすると、例の男女が、またしても壁を向いて立っていた。

構わずエレベーターに乗り込み、一階のボタンを押すと、Aが泣き喚いた。

無理矢理、駐車場まで引きずっていったが、彼の車が目に入ると大人しくなり、何もかもあきらめた風情《ふぜい》で助手席に乗り込んだ。その後は自宅のそばで降ろすまで、うつろな表情で押し黙っていたという。

帰宅後、佐々木さんは高熱を発して、しばらく寝込んでしまったそうだ。

「恐ろしい目に遭《あ》われましたね」と私はひとまず彼をねぎらった。

次いで、「Aさんとは、その後どうなったのですか」と訊ねた。

すると佐々木さんは、「もちろん別れましたよ」と答えた。

「でも、別れ話をしたわけじゃありません。Aさんは、その翌日から毎日、僕の店の正面にある電柱の陰に、着物を着て立つようになりました」

「佐々木さんに会いに来たんですね？」

「そう言っていいのかどうか……。それまで和装で来たことなどなかったのに、なぜか桜色の着物姿で、電柱に半ば隠れてボーッと佇んでいるだけで……。わざと前を通りすぎてみたんですが、無言で、こっちを見もしませんでしたよ。ラブホにいた黒いポロシャツの男もそうでしたが、まばたきをせず、目の焦点も合っていないような感じで、なんだかAさんの生き人形のようでした。無視していたら、二年ぐらいで現れなくなりましたね」

「二年間も、毎日現れたんですか？」

「はい。しかも日に何時間も、です。平日の昼間もいたので、仕事を辞めて完全にストーカーと化してしまったのだと最初は思いましたが、着物がいつも同じなことに気づいてからは……。近頃では棺に入れるときに晴れ着を着せる場合も多いんですよ……。だから彼女はもう亡くなっているのだろう、と……」


件《くだん》の多摩川河川敷のラブホテルとワンドを日中に訪ねてみた。

聞いたとおりで、ラブホテルが二つ並んで建っており、すぐそばに多摩川と大きな水溜まり——ワンドがあった。

水面に陽光が躍り、鮒《ふな》が跳ねている。緑が豊かで、川のせせらぎも耳に心地いい。思っていたより、ずっと良い場所だ。

過去に遡《さかのぼ》ってその地域で起きた事件の記録を調べてみたが、二軒のラブホテルのいずれからも、過去に客が変死する事件があったという証拠は発掘できなかった。

もっとも、ラブホテルでは心中事件や自殺がよく起きるそうだし、二軒とも昭和の頃から営業しているから、昔、不幸な出来事があったとしても不思議ではない。

異様な行動や傷痕から推し測るに、Aは業の深い人だったようだ。

恋に堕《お》ちて理性を失くすことを表す「恋慕の闇」という古い言葉がある。

闇の淵に沈んでいた彼女が、怪異を引き寄せたのではないか。そんな気がした。

トンネルの午前三時

まだスマホがなく、携帯電話を持っていない人も珍しくなかった前世紀の終わり頃のことだ。

当時一九歳の真弓さんは、心霊スポットというものを一度自分でも訪れてみたいものだと考えていた。

地上波のテレビ番組で心霊特集がよく組まれていた時期だった。

一九九七年に始まったフジテレビのドキュメンタリー番組《奇跡体験！　アンビリーバボー》がオカルト・心霊特集を度々放送して若年層を中心に人気を博していたし、オカルト系番組は他にも多く、季節を問わず放送されることによって、少なからず人々に影響を与えていた。

インターネットが普及する前は、今よりずっとテレビが大衆を煽動する力が大きかったせいもある。

とにかく、猫も杓子も小学生も「霊視」「除霊」「地縛霊」「背後霊」などという言葉を知るようになり、鹿児島県の市街地に生まれ育った、ごく標準的なサラリーマン家庭のお嬢さんである真弓さんまで、心霊スポットなるものにオカルト番組のレポーターのごとく突撃したいと思いはじめた次第である。

彼女にとって幸いなことに、家の近所に住む親友の知子さんがちょうど運転免許を取ったところで、ドライブしたがっていた。

知子さんの家の車に乗せてもらえば、手近な心霊スポットへ容易《たやす》く行けるわけだった。好運にも、車で片道一時間程度の場所に、地元では有名な心霊スポットが存在していた。

二人は小学校入学以来の同級生で、お互いの両親同士も顔見知りであり、何度も家を行き来してきた仲で、もう子どもでもない。

知子さんが連れであれば、丑三つ時に出歩いても、さほど親に心配されずに済むだろう。

知子さんはオカルト好きではないけれど、ほかならぬ親友の頼みなのだから断らないはず……と、高を括っていたところ、初めは拒否された。

「心霊スポットに遊び半分で行ったたぁ、良うなか。そもそも、どけ行こごたっと？」

「開聞《かいもん》トンネル」

「名前を聞いただけでん厭な予感がすって、やめよう！」

しかし、真弓さんはどうしても開聞トンネルに行ってみたかったのだ。

噂では付近に野戦病院の跡があって戦死者の霊が今もトンネル周辺を彷徨《さまよ》っているらしいし、怪しげな古い神社もあるらしい。

さらに、ものの噂では、車で通過すると後部座席がグッショリ濡れる。また、天井から逆さまになった女を絶えずトンネル内のようすを窺《うかが》っていて、それと目が合ったら、必ずや帰り道で交通事故に遭って死んでしまうのだ、という。

生まれ育った県内にそんな恐ろし気な有名心霊スポットがあることを、一種の誉れとすら思う真弓さんだった。

そこで熱心に知子さんを掻き口説いた結果、とうとう説得に成功し、五月のある夜、二人で開聞トンネルを訪れることが決まった。

開聞トンネルは薩摩半島南端に位置する開聞岳という山の麓《ふもと》にある二つのトンネルの通称で、いずれの隧道《ずいどう》も、一九六六年にゴルフ場や公園の利用客用通路として造られた。

正式名称は南側の隧道が《御倉本1号トンネル》、北側が《御倉本2号トンネル》。

どちらも道幅が狭く、天井も低く、照明設備がほとんど無かった。

都会の幹線道路上のモダンなトンネルを見慣れた者にとっては如何にも怪しげに映るが、元は遊興客専用の通路だったと思えば納得できるのではなかろうか。

ちなみに、ここに野戦病院跡があるというのは、今日ではデマだとされている。

まず、戦時中この辺りに野戦病院があった証拠が一つもない。

「でも、兵隊の宿舎や基地はあったのでは？（ならば傷病兵用の医療施設もあったかもしれない）」と憶測する向きもあるが、開聞トンネルは容易に敵と対峙しかねない危険な海側にある一方で、内陸の開聞岳北側には、実際に旧日本軍の陣地が存在したことがわかっており、ここに兵を駐留させる合理的な理由がないので、この説も成り立たない。

では、開聞トンネルには神秘的な要素が皆無なのかといえば、それは違う。

開聞山麓には、開聞岳を御神体とする枚聞《ひらきき》神社がある。

真弓さんが思っていたのとは怪しさのベクトルが違うかもしれないが、創始年月日不明の古い山岳信仰の御社だそうだから、オカルト愛好者にとっては充分に面白いはずだ。

ここの祭神は大日孁貴命《おおひるめのむちのみこ》。『古事記』の天照大御神、『日本書紀』の天照大神の別名とされている。

しかし、本来は海神だったとする説もある。海の神様と言えば、海外ではギリシア神話のポセイドンやローマ神話のネプチューン、日本神話では大綿津見神《わたつみのかみ》が有名だ。海神説の所以は、一つには、開聞岳の特殊な立地にある。山裾の六割方が海に突き出しているのだ。二つ目は、枚聞神社が航海神としても崇められてきた史実。素人の私見だが、海神を祀《まつ》るのが自然の成り行きのような地形でもある。開聞岳は薩摩富士の別名で呼ばれ、美しい円錐形の山容を誇るのだが、南の山裾がなだらかに海に没している。

このため、青い裳裾《もすそ》を引きながら、海原から陸に揚がってきた姫君の姿とも、逆に、これから海神のもとへ静々と帰る姿とも見えるのだ。

この一帯は古代隼人《はやと》族のテリトリーで、山麓に遺跡があり、一二〇〇年前の噴火によって被災した痕跡が認められるという。

麓に澄んだ水を湛えている九州最大の湖・池田湖は、かつての噴火口だったことが明らかになっており、ネス湖のネッシーならぬイッシーが棲息するという噂もある。

——ようするに、水と火と人の営みについて、さまざまな角度から思いを巡らせるのに、もってこいの土地なのだ。

民俗学的には、海と陸の境界は彼岸と此岸の境に喩《たと》えられ、そこにある暗い隧道は、あたかも黄泉平坂《よもつひらさか》……という日本人的な連想が半ば無意識に生じるのは想像に難くない。

そんな意識の働きが自死を望む者たちを惹きつけるのかどうか……。

開聞トンネル周辺の森では、時折、自殺者の遺体が見つかるのだという。


さて、真弓さんと知子さんに話を戻す。

五月某日午前一時半に、知子さんが運転する車で二人は出発し、途中で道順を確認したりトイレ休憩を取ったりしつつ、約一時間半後、二本ある開聞トンネルの内の《御倉本1号トンネル》に到着した。

この隧道入口の周辺は雑木林で、昼でも薄暗い。

夜ともなれば真っ暗だ。

ヘッドライトが隧道を照らし出すと、知子さんは徐々に速度を落としながら近づき、入口の前で車を停めた。

真弓さんは「なんで停めっと？　こんまま入って行こうや」と知子さんに言った。

「やっぱりやめよう。これ以上近づかん方がよかじゃ」

真弓さんは、どうしても心霊スポットを体感したかった。

最初から気が進まない知子さんと、ここへ来てあらためて揉めることとなった。

行く行かないで言い争い、お終いには真弓さんはすっかり腹を立てて言い放った。

「なら、知子はここで待っちょってよかじゃ！　一人で歩いて見てくっで！」

「ダメやと言いよるんに！」

「今、午前三時きっかりやなあ。一〇分で戻っじゃ！」

「ちょっと、真弓！」

助手席から降りた彼女を追いかけ、知子さんもエンジンを止めて車の外に出た。

月の無い晩で、真弓さんが持参した懐中電灯の明かりが頼り。

通常、車道にある隧道は出入口付近や内部に照明器具が取り付けられているものだが、どういうわけか、このトンネルには内にも外にも一つもなかった。

かと言って真の暗闇が支配しているわけでもなく、トンネルの奥の方に、うっすらと白濁した空気が澱んで見えた。

霧が出ているのだろうか。出口付近に何らかの光源があって、その明かりが届いているのかもしれないが……。

「真弓！　怖いで、帰ろう！　私は少し霊感があっど。ここへおっと、良うなかこつが起こっ気がすっで！」

知子さんは必死の形相で、真弓さんの二の腕を掴んだ。

「痛い！　放して！」

真弓さんはその手を振りほどこうとしたが、知子さんはますます強くしがみついてくる。見れば、知子さんの顔は汗と涙と洟水《はなみず》でグシャグシャで、全身が小刻みに震えていた。

只事ならない親友のようすに、ついに真弓さんは折れた。

「もう、わかったよ！　しょうがなかねぇ！」

「ああ、よかったぁ！　早く帰ろう！」

「……途中、指宿《いぶすき》のファミレスで眠気ざましにコーヒー飲まん？」

「うん、うん！　そうしよう！　真弓、あきらめてくれて、あいがとね！」

――というわけで、二人は開聞トンネルでは怪異に遭わなかった。

しかし、このとき別の場所で奇怪なことが起きていたのである。

午前三時ちょうど、家人が寝静まった真弓さんの自宅で、夜のしじまを切り裂いて、突然、電話のベルが鳴り響いた。

母の美智子さんが二階の寝室で目を覚ますと、階下から電話の音が聞こえてきており、ベッドサイドに置いている固定電話の子機のランプが点滅していた。

美智子さんは、親友とドライブに出掛けた娘が電話したのに違いないと思った。

何かトラブルに巻き込まれたのじゃなければいいが……と、胸騒ぎを覚えながら、急いで電話に出た。

するると自分の娘ではないが、聞き覚えのある若い女性の声が「もしもし」と。

「あら、知子ちゃん？　どげんしたと？　大丈夫？」

「はぁ～い、知子ですぅ。真弓ちゃんはいますかぁ～？」

「えっ？　真弓はあんたと一緒におんやろ？」

そう訊き返す美智子さんの心臓は、すでに早鐘を打ちはじめていた。

深夜、真弓さんを玄関の中で見送った。家の前まで迎えに来た車のエンジン音を聞いた。

――もしも真弓が私に嘘をついて、知子ちゃんではない別の人と出掛けたなら、そしてそれが危険な輩《やから》だったら、どうしよう。

受話器を掴んだ掌にじっとりと汗が滲《にじ》む。

そんな美智子さんの気も知らず、電話の声は間延びした口調で繰り返した。

「真弓ちゃんはいますかぁ〜?」

「い、一緒じゃなかとっ?」

「真弓ちゃんはいますかぁ〜?」

「あの子は知子ちゃんの車で出掛けっちゅうて、うちを出たんじゃで、なして……」

「真弓ちゃんはいますかぁ〜?」

「もしもし、知子ちゃん?　聞こえちょっと?」

「真弓ちゃんはいますかぁ〜?」

——美智子さんはうなじの毛がチリチリと逆立つのを感じた。

異常だ。たしかにこの声は娘の親友のそれに似ているが、別人かもしれない。

震え声で彼女は訊ねた。

「あんた、ほんのこて知子ちゃんなんよね?」

「真弓ちゃんはいますかぁ〜?　真弓ちゃんはいますかぁ〜?　真弓ちゃんはいますかぁ〜?　真弓ちゃんはいますかぁ〜?　真弓ちゃんは……」

「もうやめて!」

たまらなくなって、美智子さんは子機の通話ボタンを切ろうとしたが、手の震えがひどくて思うようにボタンが押せなかった。

その間にも通話口からは、「真弓ちゃんはいますかぁ～？」と繰り返す一本調子な声が垂れ流されていた。


真弓さんの家の電話機が当時の最新機種だったなら、発信者の電話番号を確認できていたはずだ。数ヶ月前に、デジタル式のナンバー・ディスプレイ機能付き電話機が発売されたところだった。

だが、この家では旧型のアナログ式電話をまだ使っていたので、通話相手の電話番号がわからなかった。

美智子さんは、電話を切ってから、あれは知子さんではなかったかもしれないと思った。知子さんの自宅に電話をすることは可能だった。家族ぐるみの付き合いがあり、父親や母親とも旧知の仲だから、とんでもない時間に電話のベルで叩き起こしたところで、大目に見てもらえるのではないか……。

――でも、今のが、ただの悪戯《いたずら》電話だったら？

あと二時間あまりで夜が明ける。早朝に電話をするのも非常識ではあるものの、午前三時に比べたらだいぶマシだ。

さんざん迷った結果、美智子さんは、夜が明けるのを待つことにした。


一方その頃、真弓さんと知子さんは、のんびりと家路を辿っていた。

途中、指宿の国道沿いにある終夜営業のファミリーレストランで休憩を挟んだために、本来は片道一時間のところを二時間ぐらい要して戻ってきた。

午前五時すぎ、朝焼けの空の下、真弓さんは自宅の前で知子さんの車から降りた。そして眠い目をこすりながら門を開けたのだが、そのとき、血相を変えた母親が玄関から飛び出してきたので驚愕した。

「お母さん！　凄か顔して、どげんしたん？」

「あんた、今、車で送ってきたんな？　誰《だい》と？」

「は？　言うたやろ？　知子に決まっちょっじゃなか」

「ほんのこて知子ちゃんと？」

とりあえず家の中に二人で入ると、美智子さんは電話の一件を真弓さんに話した。

「知子ちゃんの声じゃて思うたし、向こうも、知子ですち言うたんよ？　じゃっどん、壊れたレコードんごつ『真弓さんはいますかぁ？』ち、感情がなかような声で繰り返し繰り返し言うだけで話が通じんやったがよ。……おお、怖っ！」

「知子は途中どこにも電話なんか、かけちょらんじゃった。あん子も携帯電話を持っちょらんし。あっちん家を出発すっ前じゃなかよね？」

「ううん。電話があったんな、午前三時ちょうどじゃ。そんとき時計を見たで確かやわ」

「午前三時ちょうど？」

——それは開聞トンネルの入口前で、車から降りた時刻である。

真弓さんが青くなってそう言うと、美智子さんは悲鳴をあげた。

「わけがわからん！　怖《おじ》か！」

「知子ちゃんに、トンネルに入っとを、死に物狂いで止められたがよ。あんまま行ったら、私、どうなっちょったんじゃろ？」

「やめてよかったじゃ。もうバカな真似やせんでおいてな。……そうだ。知子ちゃんも、そろそろ家に着いちょっじゃろ？　電話してみやんせ」

知子さんは、眠たそうな声で電話に出た。

だが真弓さんから話を聞くと、はっきりした口調で、こう述べた。

「近づかん方がよかって言うたやろう？　あんまま行かせちょったら、電話を掛けてきた魔物に真弓は命を獲られちょった。そげんこつ、私には昔から勘で判っとじゃ」

科学では説明が出来なさそうなこと

「幽体離脱や金縛りに遭ったときに夢か否か確かめるには、論理的なことを考えればいいと一〇代の頃に閃いたんです。一番いいのは足し算や掛け算ができるかどうかです」

そう語りはじめた光二《こうじ》さんは、現在四〇代の科学者だ。何事も理詰めで考える癖は子どもの頃からで、滅多なことでは思考が感情に左右されない性質である。

だから、思春期に差し掛かり、金縛りを繰り返し体験するようになると、まずは金縛りとは何かを書物に学んだ。

「一〇〇パーセント、脳の異常活動です。これは科学的に解明されています。脳が活動状態にあり、肉体は非活動状態にある。脳と筋肉の乖離《かいり》が起きていて、それが不快感や不安、苦痛を生むわけですが、夢ではないから九九をやれば出来るんですよ」

光二さんによれば、夢の中にいるときは自我のコントロールが難しく、掛け算の九九が思うように出来ないのだという。

また、繰り返し目を開けたり閉じたりしていると、次第に全身の不自由さが緩和されてきて、身動きが取れるようになるのだそうだ。

ところが、高校生のあるとき、通常の金縛りとは違う状況に陥った。

動こうとしているのに動けない点は、いつもと同じ。しかし、そのときは恍惚《こうこつ》感とも浮遊感ともつかない、ゆらゆら、ふわふわとした気持ちよさに包まれていた。

目をつぶったり開いたりしても金縛りが解ける兆しがない。

何度目かに目を開けた瞬間、赤いちゃんちゃんこが、仰向けに横たわった彼の上、天井の近くにひらひらと裾を揺らしながら浮かんでいた。

それればかりか、どこからともなく奇妙な囁き声が聞こえてきた。

――苦しめ。

――早く死ね。

声は低く、吐息まじりでかすれており、性別も歳の頃も見当がつかなかった。

これは今まで経験したことのない事態だ。とりあえず逃げるべきだと判断して、強引に体を動かそうとした。

頑張っていると、急に巨大な掃除機に頭から吸い込まれたような感覚があり、ポーンと肉体から抜け出して、次の瞬間には、ベッドに寝ている自分の姿が見えた。

そんな馬鹿な、と、彼は我が目を疑った。

幻覚に違いない。だが、九九をやってみると「ににんがし、にさんがろく」と問題なく出来た。ということは夢ではない……。

宙に浮いたまま、枕もとの目覚まし時計で時刻を確認すると、午後十一時。

両親は、ことに父は、まだ起きているかもしれない時間だから、助けを求めに行こうと思いついた。

父と母が休んでいる夫婦の寝室は一階にあり、彼の部屋は二階だった。

試しに、水泳のクロールのように両手を回して空気をゆっくり掻いてみると、スイーッと進む。スピードは出ないが、空中を泳いで移動できることがわかった。

そこで、階段の傾斜に沿って飛んでゆき、一階の両親の部屋に行くと、ドアが閉まっていた。もしや、と、思って片手を戸板に突き入れたところ、ほとんど抵抗を感じずに、向こう側に突き抜けた。

ドアを擦り抜けて室内へ侵入してみたら、母は熟睡しているようだったが、案の定、父はヘッドレストにもたれて座り、大判の本を眺めていた。

ヨットやクルーズ船など船舶のカタログのようだ。父は海が好きで、船主になるのが夢だと日頃から語っていた。

楽しそうにペラペラとページをめくるばかりで、光二さんが来たことに気づかない。

「ねえ、お父さん！」と声を掛けながら宙を泳いで近づいていった。

もう少しで父の体に触れられるところまで来たとき、背後に何か厭な気配を感じた。

振り返ると、さっき見た赤いちゃんちゃんこがドアを抜けて入ってくるところだった。

自分を追いかけてきたのだ。

このとき初めて、強い恐怖を感じた。

ウワッと叫んだつもりが、声は出なかった。代わりに上の方へ勢いよく引っ張られる感覚があって、気づけば二階で自分のベッドに横たわっていた。

飛び起きても、まだ怖い。一目散に階段を駆け下りて両親の寝室へ向かった。

ドアが閉まっていた。既視感を覚えつつ、今度はドアノブに手を掛けて、ふつうにドアを開けて室内に飛び込んだ。

母は熟睡していた。父はヘッドレストにもたれて座り、大判の本を眺めていた。

ヨットやクルーズ船など船舶のカタログだった。

「どうした」と彼に訊ねながら、父はペラリとページをめくった。

太秦で憑けて、高野山で落とす

「コロナ前のことでした。九月のシルバーウィークに、この家のみんなで京都の太秦《うずまさ》と和歌山県の高野山を訪ねたんです。うちが言い出しっぺでした」

電話取材の相手——聡子《さとこ》さんによれば、「みんな」とは、彼女の母と姉と娘、そして自分を指していた。

一つ屋根の下に女ばかり、四人で暮らしているという。元は大家族で、曾祖父母の代から、この大阪に住んできたが、いつしか男っ気のない家になっていたとのこと。

数年前に高齢だった父が亡くなってから飼いはじめたゴールデンレトリーバー犬のジョンが、今のところ、彼女の家で唯一の男というか雄だ。元より、男きょうだいがない。

聡子さんは娘を二人もうけた後に離婚して、この家に出戻った。働きながらの子育ては大変だったが、長女は成人した後アメリカで就職し、次女の美和も来年大学を卒業する見込みで、四七歳になった今、少し肩の荷が下りた気がしていた。

母と、独身のまま五十路を迎えた姉の桂子《けいこ》と、美和《みわ》と、それからジョン。

これが彼女の大切な家族である。

母は喜寿を迎えた。いずれは桂子たちと協力し合って母の介護をすることになるのだろうが、目下のところ、体力の衰えは多少あるものの元気だ。

母と桂子と聡子さんは仲が良く、昔から居心地のいい家だったが、今がいちばん幸せなときかもしれないと彼女は感じていた。

子育てをほぼ終えて心のゆとりが生まれたせいか、離婚以来、初めて恋人が出来た。相手は、二年ほど前に仕事を通じて知り合った、大阪市内在住の全盲の男性である。

彼は、自分の経験と若い頃に学んだＩＴ技術やその種の資格を活かして、視覚障碍者にスマホやパソコンの使い方を指導する仕事を自営していた。

趣味はパワースポット巡り。景色が見えるわけではないのに、古墳や歴史ある寺社仏閣について呆れるほど詳しい。可能な限り足を運び、行くことが叶わない場所についても、点字本やＤＶＤで知識を蓄えて、よく知っていた。

聡子さんは、元来そういった場所には無関心だった。

だが、ほかならぬ彼の趣味なので興味のあるそぶりをして、彼と二人で大阪市周辺の旧跡を訪ね歩くうちに、本物の好奇心がじわじわと芽生えてきた。

ちょうどそんな折に、姉の桂子から、母が元気なうちに一家四人でどこかへ旅行しようと持ち掛けられた。

良いアイデアだと思ったが、母の年齢を考えると、新幹線や飛行機を使うよりも、家の車で移動した方が何かと負担が少なそうな気がした。

「ドライブにしぃひん?」と聡子さんは姉に提案した。

「姉ちゃんと美和も運転免許を持っとるから、三人で交代でハンドルを握って、どっか近場のええ場所に一泊ぐらいで行ってくるのは、どないやろ?」

「ええな。今回は肩慣らしってことにしとこうか。お母ちゃんに急に豪勢な旅行させたら寿命が縮まってまうさかいね。沖縄やハワイにはそのうち連れてったったらええやんな」

「お母ちゃん、どこぞ行きたいとこあるて言うてた? 姉ちゃん知っとる?」

「知らん。せやけど、なんでもええでって言うに決まっとるで。せや、聡子ちゃんのカレシがお勧めの場所にしたらええやん? 観光名所に詳しいんやろう?」

「彼はパワースポット専門やで」

「パワスポ言うたら、神社や古墳やん、観光地と同じこっちゃ。知らんけど」

——そのとき聡子さんが思い浮かべたのが、太秦だった。

彼から話を聞いて、一度、訪ねてみたいと思っていたのだ。

彼によると、太秦は、朝鮮から渡来した秦氏《はた》の一族に所縁のある土地で、京都最古にして秦氏の氏寺である広隆寺や古墳もあり、日本有数のパワースポットなのだとか……。あのとき彼は「映画村ばっかし有名やけどな」と笑っていたけれど、みんなで訪ねるとしたら、映画のテーマパーク「東映太秦映画村」という見所があるのは、かえって幸いだ。

聡子さんの提案は、みんなに歓迎された。

ことに母は、邦画が隆盛していた往年の太秦の撮影所へ行ったことがあると言い、手を打って喜んだ。

ジョンについては、ペットホテルへ預けるしかないと思っていたところ、「僕でよければ」と恋人が申し出てくれた。

「僕は盲導犬を飼っていたことがあるさかい、犬の扱いに慣れとるで。それに、前にジョンに会わせてもろて、お互い知らん仲やない。両親と同居しとるし、通いのヘルパーさんもおる。任せとき！」

「せやかて、悪いわ」

「一泊か二泊やろ？　なんも問題あらへん」

聡子さんは迷ったが、他に頼めるあてもなかった。

「そうお？　ほなら、京都で何かお土産を買うてくる。何がいい？」

「何もいらんけど……せや！　太秦に行ったら、スマホで写真をたくさん撮ってきてよ」

「写真？」

「うん。今は目が見えへんでも、僕には、見えた頃の記憶があるんや。目明きの皆さんより、はるかに鮮明に景色は憶えとる。聡子ちゃんは、撮ってきた写真を見ながら、僕に解説してくれたらええねん。僕が記憶している景色に、聡子ちゃんたちがそこにおる光景を想像したんを頭の中で合成して、勝手に楽しむから」

聞けば、彼は失明する前に、太秦を含め、幾度も京都を訪れたことがあるのだという。

「広隆寺は、なんでか知らんが、少ぉしばかり怖いような気がしたけどな、太秦は、ええ所やで。日程にもよるけど、旅行中に京都で変なことに遭うたら、僕なら和歌山まで足を延ばして、高野山に行く」

「高野山にも行ったことあんねや？」

「何度もな。だいぶ見えへんくなってきてからも……。好きなんや。高野山の奥之院は、一の橋、中の橋、御廟橋という三つの橋が、三重の結界になって守られとってな。橋を三つとも渡ったら、憑いとる悪いもんが落ちるんや」

「へえ……」

「ま、そういうのんが全然無くっても、高野山は神聖な雰囲気が格別やった。魂が浄化されるいうか、お参りして宿坊に泊まった翌朝は、なんや心が軽くなって……。ああ、もっかい行きたいなぁ！　聡子ちゃん、僕の代わりに高野山にお参りしてきてくれへん？」

——彼のこの一言で、旅の目的地に高野山も追加された。


九月の三連休の初日、聡子さんたちは、家族で共有している車に乗り込んで、朝八時に大阪の自宅を出発した。

まずは太秦の広隆寺と映画村を訪ねる。その後、高野山へ行き、宿坊に一泊して、朝から高野山見物をしたら帰阪するという計画だった。

「変な天気やなぁ」

家を出て間もなく、母がぼやいた。母は、後部座席に美和と並んで腰を落ち着けている。

「よう晴れとると思うたのに、なんやパラパラと時雨《しだ》れてきよる。狐の嫁入りや」

「狐の、何やて?」と、美和が母に訊ねた。

「嫁入り。お天気雨のことや。お狐さんたちが輿《こし》入れをするとき、花嫁行列を人に見られんように雨を降らせるって、迷信や」

「ふうん。迷惑なお狐さんたちだわ」

「コラ! 迷惑なんて言うたらあかん。バチあたるで。京都には伏見稲荷かてあるんやし、気ぃつけな」

母は冗談で言っていた。

美和もその辺は心得ていて、クックツと笑っている。

「ほんま、今日のお天気はイマイチやね。でも、予報では明日は快晴やって」

聡子さんは運転席から、後ろの母と美和に声を投げ掛けた。

助手席の姉は、昨夜遅くまで仕事だったせいか、出発した途端に眠ってしまって会話に加わっていなかった。狐の嫁入りにも気づいていないだろう。

彼だったら、お天気雨のことをどう解説しただろうと聡子さんは考えていた。

澄んだ青空から降る小雨には、神秘的な意味が秘められていそうな感じがした。

魔は水を好むと彼から聞いたことがある。

川や池、沼、井戸が関わる怪談が多いのは、そのせいだというのである。

自分には霊感が無いから何も感じないが、怪しい雨に呼び寄せられた魔物たちが地上に集まっているのではないか。

——彼は、光を失うた代わりに霊感を授かった言うとったさかい、なんか感じ取れるんちゃうかな。


第一の目的地である広隆寺に着くと、さっそく聡子さんはスマホで写真を撮りはじめた。拝観開始時刻の直後だったせいか、連休初日にしては境内が空いていた。これから次第に混んでくるのだろう。

今のうちに、と、せっせと写していたら、美和が話しかけてきた。

「見えない人って凄いもんやね。昔見た景色を全部、頭の中で再生できるなんてな。だけど景色ばっかりじゃつまらないやろ？　ママが写っとらんと、彼氏はガッカリするんやないの？　だって、恋人やもん」

「確かにそうや。じゃあ、撮って。姉ちゃんと母ちゃんも一緒に写ろ」

聡子さんが娘に自分のスマホを手渡しながら呼びかけると、桂子が渋った。

「彼氏のための写真を、あんたが解説するんやさかい、かあちゃんと私は余計や」

姉と母に後ずさりされてしまったので、聡子さんは仕方なく、自分のスマホで撮る分については自分独りで写ることにした。

そのとき彼女たちは、国宝第一号の弥勒菩薩半跏思惟像《みろくぼさつはんかしゆいぞう》をはじめとする仏像を収めた新霊宝殿の前にいた。中で仏像を拝観してきたばかりである。

一九八二年に新設された建物だが、近頃はそれなりに古色がついてきて、苔むした前庭と相俟って、なんとも言えず雰囲気がある。

聡子さんは、建物の一部と池が同時に画面に入るアングルで自分を撮ってもらえるように、美和を誘導した。

運好く、朝からのお天気雨も今は止んでいる。

「ほな、撮るで。ハイ、チーズ！」

聡子さんは笑顔を作り、写真に収まった。そして「ありがとう」と言って、スマホを返してもらうために、娘に近づこうとした。

すると、「ちょい待ち！」と制止された。

「ママ単独の写真を、私も一枚は欲しいねん。そのまま、そのまま！」

「なんや照れるわ」

「いいやろ？　ママ大好きや、自慢のママやねん」

照れくさかったが、大人になった娘に慕われていることが染みるように嬉しく、聡子さんは、いそいそと元の位置に戻ってポーズを取り直した。


東映太秦映画村と広隆寺は隣接している。聡子さんたちは、広隆寺の駐車場に車を停めたまま、映画村へ行った。

「ママたちは忘れとるかもしれんけどな、私は中高のとき一回ずつ、広隆寺と映画村に学校で来とるんよ？　私は皆さんより少ぉし若いさかい、遠足やら修学旅行やら何やら、ついこないだやで！　まあ、ええけど」

「何年も前やん！」と桂子が美和に言った。

「そないなこと言うたら、伯母ちゃんだって、太秦には何べんもデートで来とる。つい昨日のことやったような気がする」

「嘘もほどほどにしとき」と母が姉をたしなめた。

三人は笑っていたが、聡子さんは、自分だけが太秦に来たことがないのだと気づいて愕然とした。

大阪で育った人間には珍しいのではないか？　京都は、近い。美和の言うように、遠足や修学旅行などで訪ねる機会もあったはず。

——私だけ、行きそびれたんやな。そう言えば、熱を出して学校行事を休んだことが何度かある。

「太秦、ええとこやん。うちは初めてやさかい、さっきの広隆寺な、流石や、思たわ」

「なら、ママには映画村も楽しいかもしれへん」

美和が言ったとおり、事実、聡子さんは映画村を思い切り楽しんだ。

母と姉も、童心に帰ってはしゃいでいた。

ところが、娘の美和は、映画村に入った直後から、なぜか急に口数が減った。

気になって、それとなく観察したところ、しょっちゅうスマホを覗いて、沈んだ顔で何か考え込むふうだった。

映画村の入り口までは、明るく、愉快そうにしていたのに……。

思えば、美和は現代っ子らしく、インターネットで繋がった誰彼と日に何度もスマホで交流している。だから、もしかするとＳＮＳで誰かと仲違いをしたり悪口を書かれたりしたのかもしれない。

聡子さんは心配して、映画村を出ると、小声で娘をたしなめた。

「美和ちゃん、スマホばっかり見んとき」

これから高野山へ向かう。この時点で、正午になっていた。

今度は姉の桂子が運転係だ。

母は助手席に、聡子さんは車の後部座席に美和と並んで座った。

「ずっとスマホをいじっちゃ溜息ついてたやろ？　何があったか知らんし、言わんでもええよ。でもな、あんまり気にしちゃ……」

「違う！　そうやない！　少し黙っといて！」

強い口調で遮られて、聡子さんは驚いた。

美和は、キツい冗談を飛ばすことはあっても、心根は穏やかな子だ。苛立って大声をあげることなど滅多にない。

母と姉も息を吞んだようすで押し黙った。

「ママに向かって、そういう言い方をしちゃあかんよ」

ややあって、母が美和を優しく叱った。

「だって」と、弁解しかけて、美和はキョドキョドと忙しなく視線を宙に泳がせた。

何か、言おうか言うまいか、迷っているのだ。

「どうしたん？　言っちゃいなさい！　その方が楽になるから」

励ましながら、聡子さんは、娘の顔を横から見つめたが、途端に真正面から見つめ返されて、逆に気圧《けお》された。

「な、なんやねん、いったい？」

「あのね、ママ。えらいおとろしい写真が撮れてしまって、見せるべきかどうか、くよくよ悩んでただけやの」

そう告げるや、スマホの画面を聡子さんに突きつけた。

「ママ！　私は誓っていっぺんしかシャッターを押してへん！」

聡子さんは「これは」と言ったきり、目を剥いて絶句してしまった。

娘のスマホの液晶画面に映し出されているのは、法隆寺で聡子さんを撮った写真だった。

「うん、弥勒菩薩さまと苔庭があるやろ？　新宝物殿という所の前やった。私は、ママを撮ったよ？　せやけど絶対こんなふうに写した覚えはあれへん！」

――その写真には、聡子さんの右半身しか写っていなかった。

左半身は完全に見切れて、左側の首の付け根より先は、画面のフレームからはみ出していた。つまり、顔も写されていない。

その結果、画面の右側が不自然に広く空いて、新宝物殿の前の苔庭が映っていた。

ただし、本来は鮮やかな緑であるはずが、瑞々しさがすっかり失われて、灰色に穢れている。

そして中央に、聡子さんのスマホがあった——右手でスマホを持ち、肘を軽く曲げて液晶画面を見せつけるように掲げているのだ。

だが、そんなポーズを取った記憶が一切なかった。

「これを見る限り、ママは明らかに、こっちに画面を向けとんな？　こないおかしなことされたら、私もそのとき気がつくよ。ママ、こないなこと、やってへんかったやんな？」

聡子さんは、魅入られたようにその写真を見つめながらうなずいた。

自分のスマホの画面を娘に示しているとしか解釈のしようがないシチュエーションが写されてしまった。

画面の中で、赤と黒と白とが、だんだら模様になっている。

聡子さんは、娘のスマホを手に取り、その部分を拡大してみた。

するとそれが、真っ赤に腫れあがった顔の両側に、長い漆黒の髪を垂らした、白い着物の女の姿だとわかった。

女は、昏く燃えるような瞳で、こちらを睨みつけていた。

悲鳴をあげて、聡子さんは娘の膝の上へスマホを放り投げた。

「消して！　お願いやから、そんなん消してもて！」

美和が溜息をついた。

「ママが絶対怖がるから削除しようかと思ったんやけど、これはヤバいやつやから、お祓いを受けへんとダメなんちゃう？　消したら余計にバチが当たるんちゃう？　そんな気もしてきて、迷ってた。スルーするには、あんまりにも禍々《まがまが》しいやろ？」

こんなふうに騒いでいれば当然のこと、車を運転していた姉の桂子も、興味を抑えられなくなってしまった。

「何をゴチャゴチャ揉めとんの？　その写真、消す前に、ウチにも見せて！　ちょっと車を停めるから、ね？」

路肩に車を寄せて、姉だけでなく母も一緒に、みんなであらためて問題の写真を眺めることになった。

「これは凄いわ！　心霊写真って全部ニセモノだと決めつけてたけど、ちゃうのね」

母は、姉より時間を掛けて、つぶさにその写真を観察していた。

「こういうもんが写るっちゅうことは、聡子か美和に、悪いものが取り憑いたのかもしれへん。なあ、聡子、カレシには霊感あるって言うてたやろ？　相談してみたら？」

「霊感ある言うても、拝み屋さんやないねん」

とはいえ、頼れるのは彼しかない。「ジョンのようすも聞いてみる」と言いながら、聡子さんは彼に電話を掛けた。

だが、間が悪いことがあるもので、彼は電話に出なかった。

「ダメだわ。でも一つ思い出した。彼が言ってたのよ、高野山で三つの橋を渡れば悪い憑き物を落とせるって……」

美和がスマホで高野山の観光案内を調べると、山門（大門）より内側に、一の橋（正式名称・大渡橋《おおばし》）、中の橋（正式名称・手水橋《ちょうずばし》）、御廟橋《ごびょうばし》という三本の橋が架かっており、それらを渡って奥之院を目指すのがスタンダードな参詣コースだと紹介されていた。

大門から奥之院までは、およそ二キロの距離。往復一時間半とされていたが、年寄りが一緒だから、二時間は見ておいた方がよさそうだった。

「午後二時半ぐらいに高野山に到着するとして……。なあ、みんな、今日は宿坊にチェックインしてから観光しよかと思てたけど、そうやのうて、まず、奥之院に行かへん？」

聡子さんがそう言うと、美和がスマホに表示した観光案内を読みながら解説した。

「奥之院は、弘法大師が入定した御廟がある世界遺産なんやって。高野山で最も神聖な霊域で、お参りすると、弘法大師が出迎えてくれて、帰りは見送ってくれるんやって。送り迎えするっちゅうても、千年以上前に成仏しとるんとちゃうって思うやろ？　それがな、弘法大師は、高野山の真言密教では、まだ生きていて、修行中やねん。弘法大師は石室で即身成仏したんやけど、生きながら仏になるっちゅうことは、死んでも仏、生きてても仏って意味になるさかい、死の概念を超越しとるんやって。

その弘法大師が、まず、一の橋でお出迎えしてくださる。

次にある中の橋は、大昔にはここの川で身を浄めとったそうで、ここを渡ったら浄土に入るっちゅう意味があんねんて。三途の川を渡るような感じやない？　知らんけど。

ほんで最後の御廟橋から先は、いよいよ弘法大師御廟の霊域で、この橋の下を流れるのは霊峰の清水。さらに、ここの橋板は三六枚あって、橋を一とすると三六足す一で三七、これが金剛界三十七尊を表しとって、各橋板にも三十七尊を表す梵字が刻まれとる。

「……自分で言ってて、ちょっとワクワクしてきた。ご利益ありそうやんな？」

美和が顔をほころばせたので、聡子さんの気持ちもほぐれた。いつの間にか、恐怖が和らいでいる。

母も朗らかな笑顔で、「おばあちゃんも楽しみになってきよった」と言った。

「みんなして真面目に拝もな。弘法大師さまが悪いもんを追い払ってくださるで」

お天気雨の気配も去り、青空が広がっている。

山道に差し掛かるとすぐに、国道四八〇号線という路面標示が目に入った。

「高野山入り口まで、あと六キロやって」とハンドルを操りながら桂子が言った。

「中の橋のそばの駐車場に停めるつもりやけど、三時には大門をくぐれる計算や」

――ところが、そうはいかなかった。

高野山の町域に入って間もなく、何の前触れもなく車がエンストしてしまったのである。

不幸中の幸いで、たまたまそこがガソリンスタンドの真横だったので、すぐに見てもらったところ、オーバーヒートしていることがわかった。

ガソリンスタンドのスタッフによれば、この辺りでエンストする車は珍しくないのだという。ただ、聡子さんたちの車には不審な点が一つあった。

冷却水が空になっているにもかかわらず、警告ランプが点いていなかったのだ。

また、オーバーヒートに特有の焦げくさい臭いもなかった。

地元の人間らしいスタッフは、たとえば水温計がHの方へ進んだり、フロントから異音が聞こえてきたりしなかったか訊ね、そういった異変の兆候は何一つ思い当たらないと桂子が答えると、「他に原因は考えやんさけ、オーバーヒートです」と言って頭を掻いた。

冷却水を補充する他、エンジンを冷ますために三〇分程度、待つ必要があるというので、近くの喫茶店か何かで時間を潰すことにした。

桂子が「ちょうど、ぼちぼちお茶したかったんやわ」と言うと、美和が元来た道の先の方を指差した。

「少し道を戻ったところに、ナントカ茶房って看板に書いた可愛い喫茶店があってん。そこにしぃひん？」

「おばあちゃんは何でもええで。……あら？　また雨？」

母が掌を上に向けるのを見て、聡子さんが空を振り仰いだ途端、頬に小さな水滴が落ちてきた。

太陽は出ている。

「なかなか終わらん花嫁行列だこと。ぎょうさん狐さんがおるんやね」

不吉だ、と聡子さんは思い、例の写真を脳裏に蘇らせた。

異様な天気、奇怪な写真、合理的に説明できない車のトラブル。

たまたまガソリンスタンドの前でエンジンが停止したことも含めて、得体の知れない事態が進行している証拠だという気がしてならなかった。

――ただの狐の嫁入りやあれへん。これは全部、繋がっとるんや。

「聡子ちゃん、どう思う?」と桂子に話しかけられて、ハッと我に返った。

「エアコンつけて坂道を上るとオーバーヒートすることもあるやんか。でも、峠道が涼しかってん、うちら冷房は切っとったやん? おかしいなぁ。ついこないだ整備に出したばっかしやのに」

「考えても仕方のないことや」

美和が撮った写真の、赤い顔をした女の呪いや。そう直感していたが、口に出すことは憚られた。厭なことは誰しも早く忘れたいものだから。

高野山の町に現代的な飲食店が何軒もあることは、訪れるまで知らなかった。

正直、もっと鄙《ひな》びた、建物と言えば寺院しかないような山奥を想像していた。

なにしろ、標高八五〇メートルの山上にあり、さらに一〇〇〇メートル近い八つの峰に囲まれているのだから。

しかし実際に来てみたら、想像していたより開けていた。舗装道路の両脇に町並みが形成され、土産物店や飲食店が建ち並んでいる。古き良き日本情緒も漂っており、そのせいか外国人観光客の姿も目についた。

高野山は百年前までは女人禁制で、空海の母親ですら入山できなかったそうだが、今は女性に人気の観光スポットで、若い女性に好まれそうな店屋も少なくない。

美和が見つけたその喫茶店がまさにそれで、可愛らしい猫をモチーフにした小物などを店内で販売しており、女性が好みそうなヘルシーな軽食と和洋折衷のデザートがメニューに並んでいた。

「可愛いお店！　また、友だちと来たいな」と美和が言った。

「とか言って、彼氏と来るつもりやな？　アリバイ工作ならいつでも協力するよ」と桂子が揶揄《からか》う。

聡子さんは、娘が即座に冗談を打ち返すもの、と、思っていた。

いつもそうなのだ。ところが、どういうわけか今回に限って、顔をこわばらせて、「そんなん、いぃひん」と神妙に答えるではないか。

それで、こんな直感が湧いた。

——あないな写真が撮れたんは、美和が誰かの嫉妬を買ったせいやおへんか。

よく考えてみれば、あの写真の赤い女がにらみつけている相手は、写真の撮影者、つまり美和ということになるのだ。

そのとき、彼から電話が掛かってきた。

聡子さんは「彼から電話や」と三人に断って席から離れた。

「着歴を見たよ。さっきはヘルパーさんと一緒にジョンの散歩に行ってたんや。どないした？　何ぞあったん？」

「うん。太秦で……」

聡子さんは彼に、広陵寺で異様な写真が撮れたことや、原因不明の車のトラブルについて、つぶさに打ち明けた。

すると彼は、「そうか、そういうことか」と言った。

「えっ？　何が？　どういうことやの？」

「うん。実はな、さっき聡子ちゃんが電話に出た途端、全身、寒イボ立ったんや。せやから何ぞあったんやないかと思ったんやけど……。その写真は削除したほうがええで」

「せやけど、美和が、お祓いを受けてから消さへんとダメなんやないかって」

「そないなことはおまへん。気に病みながら持ち歩いとる方が障《さわ》るから、すぐに消しぃ」

彼がそう言ったタイミングで、美和のSNSアカウントから通知が入った。そこで慌ただしく礼を言って通話を終えて娘のメッセージを見ると、それは、今まさに消せと彼に言われた問題の写真であった。

「私が怖がっとることを知りながら、送りつけてくるなんて、どういうつもり？」

聡子さんは席に戻ると、美和を問い詰めた。

美和は悪びれたようすもなく、「彼に説明したらええと思ったの」と答えた。

「ママが、旅行中に撮れた写真を見ながら、どこがどんなふうやったか、彼に説明してあげるって、自分で言っとったやろ？」

「それは、あないな写真の話とちゃうやん！　彼はすぐに削除せぇと言うとったで。今、あんたが送ってきたのは消したから、美和も急いで削除しぃ！」

「今じゃなきゃあかんの？」

「あたりまえや！」

母が「まあ、まあ」と割って入った。

「聡子、あんたも、そないに声を荒げんと。なんなん、人前で、おっきな声出して。たいがいにしぃや」

聡子さんの注意が逸れた隙に、美和はスマホをバッグにしまいこんだ。


結局、奥之院のとば口に立ったときには午後四時を過ぎていた。

一の橋を臨むと、彼の言葉が鼓膜の奥に蘇ってきた。

――「橋を三つとも渡ったら、憑いとる悪いもんが落ちるんや」て言うとった。そうや。橋を渡れば、美和に憑いとるかもしれん悪いもんも、落ちる。

「みんな、橋のたもとで一礼してから渡るきまりなんやって。そうしたってな」

杉木立に囲まれているせいか、まだ九月だというのに、境内の空気は冷涼で、肌寒いくらいだった。しかし凛と澄み切って、息をするたびに肺が洗われるようだ。

一の橋とせせらぎを背にして石畳の参道を歩きだすと、橋を渡る前より、身も心も軽やかになっていることに気がついた。

「気分がスッキリした感じがしぃひん?」と姉が話しかけてきた。

「疲れが取れたわ」と母が言った。「さっきまでくたびれて、もう宿に行きたいと実は思ってたの。それが急に元気になった。弘法さまのお陰かねぇ。不思議なもんや」

一行はさらに先へ進んだ。

奥之院の参道沿いには、歴史に名を刻んだ武将の墓所や墓碑、各時代のさまざまな供養碑が二万基以上あるという。

墓碑、供碑があると言っても、陰気な雰囲気は感じられず、豊臣家や織田信長の墓所や上杉謙信・景勝の霊廟、弘法大師の石像の前では、明るい顔で記念撮影をしている観光客の姿が見受けられた。

中の橋は参道のほぼ中間地点にあり、平安時代にはこの下を流れる川で禊《みそぎ》をした後、向こう岸へ渡ったそうで、手水橋と名付けられている。

御廟橋も無事に渡り、弘法大師御廟の拝殿・燈籠堂《とうろうどう》で、四人揃って祈りを捧げた。

燈籠堂には無数とも思える献灯が天井から下がり、柔らかな光で堂内を照らしていた。

その中には「消えずの火」や「貧女の一燈」があるとのこと。

前者は、白河上皇が献じて以来、千年余りも燃えつづけている奇跡の炎であり、後者は、貧しい少女が養父母の菩提を高野山で弔うために自らの黒髪を売って購《あがな》った燈籠だと言い伝えられている。

最後に、燈籠堂の裏にある、弘法大師御廟をお参りした。

弘法大師は入定して即身仏となってからも、この御廟の地下で瞑想しており、地上への出入りも自由になさっているそうだ。

他の参拝客と一緒に、建物の外で手を合わせて拝んだ。

それから来た道を駐車場まで戻り、再び車に乗り込んで予約した宿坊へ向かったのだが、宿坊のある寺院に到着したとき、聡子さんは、だいぶ前から娘の声を聞いていないことに気がついた。

どうやら、口をきいていないのは聡子さんに対してだけではなく、奥之院の途中から、母や姉とも会話していないようだ。

宿坊の座敷に落ち着いてからも、いつもより口数が少なく、顔つきも沈んでいる。

「美和、なんやか暗いね。どうした？」

「別に。ぎょうさん歩いて、しんどいだけ」

「ならええけど。あの写真は、やっぱり消した方がいいんとちゃう？」

「ママってば、それればっかり。私のスマホの写真やねんから、好きにさせてよ」

蠅《はえ》でも追うような、うるさそうな表情で睨まれて、退散せざるを得なかった。

翌日、大阪の家に帰ると間もなく、ヘルパーが運転する車で彼とジョンがやってきた。

朝のうちに彼に帰宅する時刻を知らせておいたので、予定通りだった。

ジョンは、千切れんばかりに尻尾を振りながら、まっしぐらに聡子さんに飛びついた。

ジョンの金色の毛並みに覆われた頭の中には、最初に聡子さん、次に娘の美和、その次が母、最後に姉の桂子という序列がきちんと刻まれていて、こういう場面でじゃれつく順番も定まっていた。

だが、ジョンはいつになく美和を飛ばして、次に母のところに跳ねていった。

そして姉の方へ。

美和が近づくと、急に尾を尻に巻き込んで激しく吠えだした。

「ジョン、どないしたん？　美和ちゃんよ？」

聡子さんがなだめると、ますます猛り狂って、あろうことか美和に向かって牙を剥いた。

しかし、よく見ると、ジョンの視線の向きがおかしい。

娘の頭から数十センチ上の空中に目を据えているのである。

「そこに何ぞおるん？　ジョン、こら、静かにしぃ！」

聡子さんはジョンを抱き寄せようと思って、腰をかがめた。だが、手が届く前に、彼はキューンと一声、情けない鼻声を発したかと思うと、白目を剥いて横倒しにドッと倒れた。四肢を棒のように突っ張らかせて痙攣《けいれん》している。聡子さんが慌てて膝の上に抱きかかえると、よだれの泡にまみれた長い舌がデロりと垂れ下がった。

すぐに動物病院へ連れていったが、ジョンはそのまま意識を取り戻すことなく、二日後に息を引き取った。


聡子さんの彼は、太秦で美和さんに憑いた悪霊が、奥之院で一度は封じ込められたものの、高野山から離れたことで、再び力を盛り返したのではないかと推理した。

「美和ちゃんのせいやない。四人の内で美和ちゃんがいちばん弱かったから、そいつは美和ちゃんを選んだ。ほんで、ジョンを見ると、ジョンに移ろうとした。そこにおる中で霊力がいちばん弱いのがジョンやから。ジョンは美和ちゃんより弱いから、そいつに殺されてもたけれど、死ぬことで、憑きものもろとも彼の世へ連れていってくれたんや」

聡子さんも、これで一件落着だと信じたかった。

そう思えなかったのには、わけがある。

「美和が、写真を削除しようとしまへんでしたから……。口数は戻ったし、明るい顔を見せてくれるようにもなったんですけど、なんとなく、未だに違和感があるんですわ。なんや、人が変わってしもたような……」

これを聞いて、私は「やはり、美和さんには、女性に恨まれるようなことがあったんでしょうか？」と彼女に質問した。

「いいえ。一応、旅行の後にあらためて訊いてみたんですけど、本人はきっぱり、無いと言っとります。きっと彼が正しうて、私が気にしすぎなんやと思います。かあちゃんも桂子ネエも、美和については何も言ってまへん。ジョンが美和の憑き物を持っていってくれたから、ジョンがおらんこと以外は元通りなんですよ」

聡子さんの恋人は、近頃、「もう心配あらへんさかい」と言って犬を飼うことを盛んに勧めてくるという。

「憑きものは去《い》んだんやから、再び犬が死ぬようなことはないよ」

彼を信じてみてもよいのでは、と私も思った。

しかし、聡子さんは、どうしても疑いを拭えずにいるようだった。

「母と姉も、美和の変わりように気づいておへんのか、気づかん振りをしとるのか、彼の言うとおりやと言うてます。でも私は、新しう飼うた犬が、またあの子の頭上を見て吠えて死ぬるようなことがあったらと想像すると、恐ろしうて……」

廃館の宴

北海道の「湖底線路」が最近話題になった。まるで鉄道線路が湖岸から水底深くへ沈んでゆくような幻想的な景色が、ＳＮＳに投稿された一枚の写真から評判を呼んで、見物客が押し寄せているというのだ。

この線路は、実は、船を岸に曳き揚げるためのレールであるとのこと。湖は大雪山国立公園内にある、然別湖《しかりべつこ》。

道内で最も標高の高い湖であり、湖畔に天然温泉がある。

現在四〇代の光二さんは、この湖に近い町で幼少期を過ごした。

近隣には両親の親族が多く住んでおり、親戚の誰かの祝い事や何かの記念日があるたびに、今は廃館して久しい然別湖畔のホテルに集まったものだ。

最近は少し勢いを取り戻しているようだが、その辺りは、彼の成長と並行して少しずつ寂れていき、親戚一同で宴会をするようなこともなくなった。

中一の頃、彼はとうの昔に閉館したあのホテルの夢を見た。

両親に連れられて、見覚えのあるクラシックな西洋式の宴会場に入っていくと、出入り口のそばに喪服を着た父方の曾祖母がいて、「光二くん、よう来たね」と話しかけてきた。彼の後ろからも続々と親戚の者たちがやってきて、やがて宴会場がいっぱいになると、曾祖母が前に進み出て、「よう来て下さった、皆さん」と歓迎の挨拶をした。

父と母や親戚たちも全員、黒い服や着物に身を包んでいるが、お祝いの雰囲気である。

――そこで目が覚めた。

朝食の席で、彼は両親にこのことについて話した。

すると父が驚いて「昨夜そっくり同じ夢を見た」と言った。

光二さんは忘れていたが、昨日は三年前に鬼籍に入った曾祖母の命日だった。

両親によれば、生前の曾祖母は然別湖のあのホテルが気に入っていて、亡くなる前、またあそこで、みんなと楽しくわいわいやりたいと話していたとのこと。

だから、今でも光二さんは、もしかすると本当に死後の世界というものがあって、自分たちは、曾祖母がそこで催した宴に招かれたのではないか、と、そう信じているそうだ。

親戚一同が、曾祖母によって、夢の中で、廃館の宴会場に引き込まれていたのでは、と。

母は、たぶん目覚めと同時に夢を忘れてしまっただけなのだ、と……。

箪笥の友だち

進さんが生まれ育った埼玉県鴻巣《こうのす》市には、利根川と荒川を結ぶ人工河川・武蔵水路がある。ここは水路の両岸が川底に向かって鋭く傾斜していて流れが速く、岸から落ちたら最後、大人でも自力で這いあがることが出来ないと彼が子どもの頃には言われていた。

落水した人を救うためにロープ付きのブイが川面に浮かぶようになったのは、進さんの遊び友だち、アッシくんが彼の目の前で水に呑まれてからのことだという。

それは、一九七九年の秋の出来事だった。

武蔵水路の周辺は、昔から稲作が盛んだ。ちょうど田んぼの収穫が済んだ頃で、籾殻を焼く匂いが、進さんたちが遊んでいた橋の上まで漂ってきていた。

空は夕焼け。茜色に染まった千切れ雲が、低くたなびいていた。

当時、進さんは五歳で、アッシくんは八歳。他にも五歳から七、八歳の子たちが三人ばかり、進さんたちのそばにいた。みんな、いつもの遊び仲間である。

風が冷たくなってきた。「帰ろうか」と誰かが言った。

そのとき、アッシくんが「待って」と全員に声を掛けた。

進さんたちが揃ってアッシくんの方を振り向くと、アッシくんは「見て」と言うやいなや、鉄棒の前回りをする要領で橋の欄干を両手で掴んで、前方にクルッと半回転した。

そして、頭から真っ逆さまに水路に落ちていった。

進さんたちは急いで手すりの隙間から橋の下を覗き込んだが、アッシくんはたちまち水底に引き込まれて見えなくなった。

後には、どうどうと怖ろしい音を立てて水が流れるばかり。

アッシくんは、声ひとつ上げなかった。

無言で、目をまん丸く見開いて、ヒューッと静かに落ちていった。

進さんたちは泣き叫びながらめいめいの家に走って帰り、アッシくんが水路に転落した旨を親に告げた。

大人たちが橋に駆けつけ、すぐに救急車やパトカーも呼ばれた。

しかし、もはやなすすべはなく、ほどなく数キロ先のサイフォンの柵に引っかかったアッシくんの哀れな遺体が発見された。

この事故から四九日目の夜、進さんは、信じられないものを見た。

進さんの家は、昭和時代の農村地帯では珍しくなかった古い木造の平屋で、彼の部屋というのは、その一年前まで両親が衣装部屋として使っていた六畳の和室だった。

その名残で、母の嫁入り道具の大きな箪笥《たんす》が、まだ置かれたままになっていた。

三段の抽斗《ひきだし》の上に観音開きの扉がついた、木製の箪笥だ。

扉に木目が渦を巻いていて、夜になるとその模様が動物や人間や、何か意味のある形に見えてきて、幼い進さんには少し怖かったという。

だったら、寝る向きを変えたら良さそうなものだが、怖いもの見たさというやつで、蒲団に入ると決まって足もとの箪笥を眺めてしまう習慣だったとか……。

その晩も、蒲団に入ると、枕に頭をつけたまま、そうっと箪笥の方を窺った。

すると、琥珀色をした常夜灯の豆電球に照らされて、箪笥の上に座って足をブラブラさせている、アツシくんの姿が目に飛び込んできた。

あの日、身につけていた緑色のジャージ上下を着て、靴や靴下まで、欄干から落ちたときと同じ、アツシくんだ。

棺に納まった死に顔は眠っているかのようだったが、今は欄干で鉄棒をする直前に「見て」と言ったときのように、悪戯っぽい笑みを浮かべている。

進さんはとっさに声を張り上げたつもりで口を開いた。

だが、喉の奥からは空気が虚しく押し出されただけだった。逃げようともしたが、体が動かなかった。ただもう、心臓が破れそうに激しく脈打つばかりだった。

やがて、アッシくんは何かが来るのを待っているようだと気がついた。なぜなら、彼の視線が進さんの上を素通りして、戸口の方へ向けられていたからだ。

やがて、枕の近くで畳を踏む足音がして、進さんはハッとした。

誰か来たのだ。アッシくんが目を輝かせて前のめりの姿勢になった。

その誰かは、しずしずと歩いて、進さんの蒲団の横で立ち止まった。

勇気を奮ってそちらを見やると、それは、近所に住むお爺さんだった。

幼稚園の行き帰りに挨拶を交わしている、お爺さんだ。

通園路沿いにお爺さんの家の田んぼがある。泥で汚れた作業服姿しか目にしたことがなかったが、今夜はなぜか黒っぽいスーツを着て、ネクタイを締めている。

呆気に取られて見つめていると、突然、お爺さんが頭をめぐらせて、進さんの顔をまともに見下ろした。

「進くん、こんばんは」と穏やかに話しかけてきた。

「明日も進くんに会いたかったけれど、もう行かなくちゃいけないんだ。元気でね」

そう言うと、すぐにお爺さんは箪笥の方に向き直り、そっちへ歩いていった。

アッシくんが上に腰かけている、あの箪笥である。

箪笥の前まで来ると、お爺さんは一回深呼吸してから、把手に両手を掛けて一気に観音扉を開いた。

扉が左右に動く刹那、アッシくんは両脚をパッと跳ね上げた。

開いた扉の中には、朝もやのような明るい霧が垂れこめていた。

そして、その霧の奥へ、お爺さんは吸い込まれるように歩み去ってしまった。

——途端に進さんは気が遠くなった。


目を覚ましたら、なぜか涙と洟水で顔がガビガビになっていた。

母が朝食を作っている物音が台所の方から聞こえており、家じゅうに炊き立てのご飯の甘い匂いが漂っていた。いつもと変わらない朝である。

しかし彼は、昨夜目撃した一部始終を憶えていた。

箪笥の観音扉は、閉まっていた。

蒲団から起きて、おっかなびっくり開けてみたが、母がふだんは着ないワンピースやスーツがハンガーで吊るされていて、虫よけの樟脳《しょうのう》の臭いがするだけだった。

その日、ふだんと違っていたことと言ったら、幼稚園へ行く途中、田んぼのあぜ道でお爺さんに会わなかったこと以外には何もなかった。

数日後、町内会の回覧板で、件のお爺さんの訃報が家に届いた。

アッシくんがいる箪笥に入っていったのは、お爺さんが農作業中に脳卒中で倒れて病院に担ぎ込まれた、その日の夜だった。あれから入院していたが、治療の甲斐なく亡くなったのだ。


この五歳のときを皮切りに、進さんは箪笥の上のアッシくんと、間もなく亡くなる人の幻を見はじめた。予知夢の類と言ってもよかったが、アッシくんも亡くなる運命の人も、毎回とても生々しく、その姿かたちは、生きているふつうの人間と変わらなかった。

ただし翌朝になると何も痕跡がなく、夢だったに違いないとわかるのである。

しかし、ふつうの夢とは違う、きわだった特徴が二点あった。

一つは、アッシくんと一緒に、例の箪笥も必ず現れたこと。

進さんが小学校に上がると、両親はあの箪笥を別の部屋に移して、代わりにそこに学習机を置いてくれた。ところが親戚の年寄りが亡くなる数日前に、また同じことが起きた。

――夜中に目を覚まして、足もとを見やると学習机があるはずの場所に緑色のジャージ上下を着たアッシくんを乗せた箪笥があり、そこへ、正月ぐらいしか顔を合わせないが、たしかに見覚えのある、母方の親戚がやってきたのである。

その人は進さんの方を振り向いただけで、無言で、箪笥に入っていった。

それから三日後、危篤の報せが家に届き、母がお見舞いに行ったが、帰ってくるや喪服や香典の準備を始めた。

「目の前で息を引き取られたわ。お歳だから仕方がないわね」

これが二度目。その数年後に、祖父が逝ったときにも、進さんはアッシくんと箪笥の夢を見た。その後も、祖母や、隣家の老人や……。

彼に声を掛けてから箪笥に入る者もいれば、無言の者もおり、また、彼には見向きもしない者もいた。何人か見送るうちに、関係の浅い人ほど、彼を見たり話しかけたりせず、真っ直ぐに箪笥の方へ向かっていくようだと気がついた。

見ず知らずの人がアッシくんの箪笥へ入っていったときも何度かあった。

そんなときは、数日以内に、テレビのニュース番組や新聞の記事などで、その人が死んだ事実を知ることになった。

これこそが、単なる夢ではない二つ目の特徴だった。

箪笥に入っていった人の訃報が、なんらかの形で、進さんに確実に届くのである。

一九八六年一月二八日の、チャレンジャー号爆発事故。

あのときは、事故が報じられる二日前に、さまざまな人種の七人の男女が一列になって箪笥の中に入っていった。中に一人だけ、日本人のような容貌の男性がいたのが印象的だったが、それにしてもどこの誰とも見当がつかず、ポカンとして見ているほかなかった。

派手なニュースになって、ようやく、あの七人がスペースシャトルの乗組員で、アジア系の男性は、エリソン・オニヅカという日系三世の宇宙飛行士だったことがわかった。

そんなことがあっても、他県の大学に進学して実家を出たときには、まさかアッシくんと箪笥が追いかけてくるとは思わなかった。

しかし、一九九二年の四月二四日深夜、大学の学生寮で見た夢でアッシくんの箪笥に入っていった人物は、間違いなく尾崎豊で、そして尾崎豊はその翌日に亡くなった。

ちなみに、そのとき二〇歳だった彼にとって、尾崎豊は思春期の神であって、どの歌でも空で歌えた。アルバムも持っており、一度だけだがコンサートに行ったこともある。だから見間違えるわけがなかった。

あの尾崎豊が、Tシャツとジーパンという如何にも「らしい」服装で、寮のベッドの横に立っていた。ティーンエイジャーの時分とは違い、とっくに熱は冷めていたけれど、それでもまだ進さんの興奮を掻き立てるには充分すぎる事態だった。

一瞬前に、ベッドの足もとにアッシくんと箪笥が忽然と出現していなかったら、嬉しい夢だったに違いない。あの尾崎豊をこんなに間近で見られるなんて。

しかし、今、その人は、箪笥に向かって歩いていた。

——尾崎さん、行っちゃダメだ!

心の中で叫んだが、どうしようもなかった。

八歳で成長を止めたアッシくんが待ち構えていた。

アッシくんは尾崎豊が誰なのか知らない。かつて僕のカリスマだった人なのだと進さんは訴えたいと思ったが、身動きできず、声も出せなかった。

結局、尾崎は一度も立ち止まらず、箪笥の中へそこに垂れ込めている霧の奥へと消えていった。

進さんは、明くる二五日の早朝に瀕死の状態で発見された尾崎豊が搬送先の病院で死亡したということを、後日テレビのニュース番組で見て知った。


進さんは、その翌年からアメリカに留学した。一年間は何事もなかった。

二二歳のとき、アメリカの下宿に、あの箪笥が現れた。

深夜に目が覚めて、ベッドの足もとを見たら、観音開きの桐箪笥があった。

だが、いつもとは違い、緑色のジャージを着た幼いアッシくんではなく、二〇代と思しき青年が、丸裸で上に乗っていた。

さらに、その青年は右手に大きなノコギリを持っていた上に、進さんの視線を受けとめて、しっかりと見つめ返してきた。

――アツシくん、だった。

生きていれば二五歳。まさにそのぐらいまで健やかに育ったアツシくんが、進さんの目を、どこか悲しそうな表情で見つめながら、軽やかに箪笥から飛び降りた。

「そこで気を失ってしまいました」と、彼は私に言った。

「それきり、アッシくんと箪笥が夢に現れることはなくなりました。もしかすると、アッシくんは持っていたノコギリで箪笥を壊してくれたのかもしれません」

進さんは、そんな風に推理している。

ともあれ、以来、彼は誰かの死を予見することもなくなった。

興味深いことに、ノコギリを持った大人のアッシくんを見たときと前後する頃に、彼の実家では問題の箪笥を廃棄処分していた。

人の死を知らせていたのは箪笥なのかアッシくんなのか……。

実体が廃棄されると同時に不思議な夢も終わりを告げたということは、箪笥に呪力が宿っていたのだろうか。

しかし、そもそもアッシくんと進さんの母親の嫁入り道具だった箪笥に、因果関係があるとは思えない。まさしく奇譚である。

警察学校の怪談

全国に点在し、それぞれに成人した男女が所によっては千人を超える人数で居住しながら、便所や浴室は全員で共有し、途轍もなく規律が厳しく、外部の者が容易に入れない施設とは？

こう問われたら、大半の人が刑務所や自衛隊の駐屯地を思い浮かべるだろう。警察学校の寮だと答える者は滅多にいないはずだ。

本邦の警察官はすべて、警視庁警察学校または道府県警察学校を卒業するきまりである。都道府県警察で採用されたら、まずは警察学校の初任科生として、高卒・専門学校卒なら一〇ヶ月、大卒なら六ヶ月の研修を受ける。

教場の科目は、実務に必要とされる基礎知識など教養を学ぶ座学と、柔剣道や逮捕術といった実技からなる術科で構成されるが、卒業までの短期間に高水準の成果が要求されるため、どうしても過酷になりがちだ。

肉体的に厳しい訓練、詰め込み学習、熾烈な競争と縦社会——そうした警察学校内部の状況は一般人には長らく見聞きするすべがなかった。

あまり知られていないのは、関係者の口が堅かったせいかもしれない。

この話の体験者である現役警察官の路也《みちや》さんにしても、卒業して十数年もの月日が流れて、最近ようやく当時の想い出を語れるようになったのだという。

近年、警察学校にテレビの取材班が入ったり、初任科の教場を題材にしたドラマが制作されたりして、彼の在学時に比べると風通しが良くなった。

だから、この話は一種の昔話として聞いていただきたいのだが……。


警察学校では原則、全生徒が学内の宿舎に入寮する。路也さんが入った学校は日本最大規模を誇り、生徒数が多かった。

生徒といっても法律上の身分は警察官で社会人なのだが、当時は、体育会系の部活以上に苛烈な、特訓という名のシゴキの洗礼を受けるのが常だった。

路也さんも然りで、日中は心身ともに手ひどく鍛えられた。だから夜は毎晩、泥のように眠り込んでいた。

ところが、入学から三ヶ月ばかり経った夏の深夜、彼は、いつになく目を覚ました。

ベッドを寄せている壁の中から、規則正しい物音がひっきりなしに聞こえてきて、眠りを妨げられたのである。

初めは夢うつつに聞いていたのだが、それが一定のリズムで延々と続いたものだから、次第々々に意識が浮上して、苛立ちと共に目を覚ました。

——うるさいなぁ。

ベッドの横の壁の向こうは通路で、突き当りの方に共同便所があった。音はゴム底の靴を履いた男の足音のようだった。

トイレへ行って戻ってくるだけなら、こうも足音が続くわけがない。

行進みたいな歩き方だな、と、ふと思い、すると、訓練の辛さが蘇ってきて急に切なくなった。

誰かが、ついに精神の均衡を崩して夢遊病の発作でも起こしたのかもしれない。

よし、見に行ってやろう……と、体を起こそうとしたとき、ちょうど、足音が、彼の部屋の戸口を越えて室内に入ってきた。

戸締りをして寝たはず。そんな馬鹿な。いや、もしや引き戸が開いていたのか。

だが、慌てて戸口を見やると、戸は閉じており、誰の姿も認められなかった。

にもかかわらず、足音だけが間近に迫ってきていた。

こっちに来る！

体じゅうの毛穴から冷たい汗が滲みだした。目を見開いて足音のする方を凝視したが、薄暗い壁があるばかりだった。

姿の見えない何者かが、彼のベッドの足もとを通り過ぎて、窓の方へ向かってゆく。

それは、閉ざされたガラス窓を擦り抜けて、夜空へ去っていった。

途端に彼は気を失った。

次の瞬間、一気に意識が覚醒した。見開いた眼に汗の滴が流れ込み、瞬きをして眼球から汗を追い出した。

視界が、一面の「白」で埋め尽くされていた。

何度、瞬きをしても変わらない。

まもなく彼は理解した――目の前の「白」が部屋の壁であることを。

彼は、自分の部屋の壁に向かって、直立不動の姿勢で立っていたのだ。

彼が、この出来事を初任科の同僚たちに打ち明けたところ、一人として彼の正気を疑わなかったばかりか、かえって安堵した表情を見せる者もいたという。

「だったらアレも夢じゃなかったんだな……。自分は、いつも真夜中になると金縛りになって目が覚めて、一〇人か二〇人かわからないか、とにかく大勢で隊列を組んで廊下を行進をしている、ザッザッザ、という音を聞くはめになるんだ」

もちろん中には「それは昨夜のことか？　静かな夜だったがなぁ」と首をひねる者もいたが、それでも怪現象を体験したこと自体は疑わず、「俺は霊感がないから」と何か納得している雰囲気で、ある同僚は先輩から聞いたと前置きして、こんな話をした。

「ここでは初任科生が部屋で自殺すると、そこを開かずの間にするそうだ。現に、使用不可の部屋が何室もあるじゃないか？」

「開かずの間は、永久にそのままなのかな」と誰かが疑問を口にした。

「それはないだろう」と別の誰かが応えた。

「古い建物だもの。幾度となく改修工事をしているから、その度に間取りが変わって、開かずの間もリセットされているだろう」

——ということは、自分の部屋が、元は開かずの間だった可能性もある。

路也さんはそんなことを思い、その晩は就寝時刻になってもなかなか寝つけず明け方まですまんじりともしなかったが、なぜかその後は一度も奇怪な現象に見舞われず、無事に卒業できたという。

蓑山奇譚

一九七九年に開園した、環境省指定の国民休養地《美《み》の山公園》は、関東の吉野山と呼ばれる桜の名所だ。埼玉県の秩父市と秩父郡皆野町《みなのまち》にまたがる蓑山《みのやま》の標高約五八七メートルの山頂付近に所在し、展望台から秩父の山々が一望できる。一万本を超える桜の木が、園内のみならず、国道と公園の出入り口をつなぐ美の山観光道路の沿道を飾る他、初夏には紫陽花《あじさい》も咲く。公園の付近には、山肌をツツジが覆う巨大な岩山を有する瑞岩寺《ずいがんじ》もあり、春夏には行楽客が詰めかける。

さて、そんな風光明媚な美の山公園だが、かつては峠の走り屋にも人気があった。

と、いうのも、ここへ至る観光道路が彼らの好む典型的なワインディング・ロードで、市街地から近く、公園の駐車場やトイレがいつでも使えて便利だったためだ。

しかし、現在は路面に危険運転防止の減速加工が施され、暴走行為に明け暮れる若者グループの姿はない。

――多加士《たかし》さんが一九歳の頃は、危険な遊びに興じる者たちがよく集っていた。

その一九八六年の秋の夜、彼は同年輩の友人三人とつるんで美の山公園まで車で走りにいった。午後一〇時に彼らの地元である熊谷駅の辺りに集合して出発し、観光道路に入る手前の国道沿いに最近できたコンビニで休憩するのがいつものパターンで、この日も零時前にコンビニの駐車場にひとまず車を停めた。

平日だったせいか、コンビニの駐車場はがらんとして、ひと気がなかった。店内にも店員以外見当たらない。不良娘を引き連れた遠征組でにぎわっていることも多いのだが。

多加士さんたちは缶コーヒーや夜食を買って、店の前で馬鹿話に花を咲かせはじめた。

そこへ、ひときわ明るいヘッドライトが暗い夜道を近づいてきた。

美の山公園の方へ向かう、大型の観光バスだった。

車内に照明が点いており、大きく取ったフロントやサイドの窓から中のようすがよく見えた。コンビニの前を通り過ぎるまでの数秒の間に、ガランとした無人の客席のみならず、運転席のハンドルやシートまではっきりと目視できたのだが……。

呆然とバスを見送りながら、多加士さんは思わずつぶやいた。

「運転手が、いない」

「やっぱり、いなかったよな?」と仲間に訊かれてうなずくと、他の仲間がキャッと女の子みたいな甲高い悲鳴をあげた。

「やべえ！　あっちに行ったじゃん！」と、もう一人が、観光道路の入り口の方を指差した。たしかに、あの奇怪な観光バスは、そちらへ走り去った。

目的地で遭遇しないとも限らないわけだ。

「今夜は、もう、よさない？　怖えよ」と、悲鳴をあげた奴が帰りたそうにみんなの顔を眺めた。

「うーん。どうするよ？」と、多加士さんは三人に訊ねた。

すると「せっかく、ここまで来たからなぁ」と一人が言い、その意見に同調する雰囲気が生じた。「やっぱ、行こうぜ」と多加士さんが言うと、もう誰も反対しなかった。

観光道路の中程で、多加士さんは歩道を上っていく老人を一人、見かけた。

白っぽい服を着て手ぶらで歩いている。近隣住人だろうが、こんな時刻には珍しい。

つい今しがたのバスの件が頭の隅に引っ掛かっていたせいで少し不気味に感じたが、一瞬で追い越すとすぐに忘れた。

それ以外は何事もなく、快適に飛ばして、間もなく山頂の駐車場に四台とも到着した。

幸い、あの観光バスは、影も形も見当たらなかった。夜間照明に照らされたアスファルトの地面が、のっぺりと広いばかりだ。

この駐車場は、ドライブしてきて車でいちゃついているカップルが多い穴場のデートスポットなのだが、どういうわけかここにも今夜は人っ子一人いない。

「夏の間は、盛りのついた猿みてえな連中だらけで凄かったよなぁ」

「……ねえ、あの観光バス、何だったんだろう？」

そう問われても、多加士さんには答えようがなかった。

「しょんべん行かね？」と返して、駐車場に併設された公衆トイレの方へぶらぶらと歩いていった。三人もぞろぞろついてくる――これもいつものことで、麓のコンビニで飲んだものが膀胱にたまってくるのが、毎度このタイミングなのだった。

今は人感センサーによる自動照明装置が付いているが、当時ここの公衆トイレは、その都度、出入り口付近のスイッチで点灯するようになっていた。

明かりを点けると、五つ並んだ小便器が目に入った。

四人は出入り口に近い方から順に、横一列に並んで用を足しはじめた。

多加士さんは奥から三番目の小便器を使っていた。気分よく出し終えて服を整えだしたとき、奥から二番目の小便器を使っている隣の奴の脚が視界に入った。

ガタガタ、激しく震えている。

「おい、どうした?」と顔を覗き込むと、そいつは彼の方に体ごと振り向いて、「横、横」と言った。

「横ぉ? とりあえずチンチンしまえよ!」

「おおおお俺の横! て言うか、後ろッ!」

なんのことかわからないまま、その男の肩越しに、いちばん奥の小便器の方を覗いた。

だが、変わったところは何も見つけられなかった。

その間にも、そいつは多加士さんを押しのけて公衆便所から飛び出していってしまった。

「待てよ! 何だよ?」

駐車場で追いついて問い詰めると、

「白いシャツのジイサンが立っていた」

と、聞かされた。

多加士さん含め残り三人には、そんなものは見えなかった。

ところが、車に乗り込む前に、トイレでおじいさんを目撃した男が急に「わあ!」と叫んで、駐車場の横の山の斜面を指差しながら、隣を歩いていた奴にしがみついた。

すると、しがみつかれた奴もそちらを見て「わああ！」と大声を放った。

何があったのか訊ねたら、山の上の方から数え切れないほどたくさんの人間の頭蓋骨が転がり落ちてきている、と、二人でしどろもどろに答えた。

髑髏など一つも見えない多加士さんともう一人は、顔を見合わせた。

そして、あらためて、斜面を下から上まで目で辿ってみたところ、一体の骸骨が片手で大きな旗のような物を支え持ち、残る片手を彼らに向かって大きく振っていた。

これには多加士さんも、たまげて絶叫してしまった。

それで終わりではなかった。

泡を喰らって自分の車に乗ろうとしたら、あるはずの位置に車が無かったのだ。

四台とも、真横に五〇メートルも離れた駐車場の隅に移動していた。

一気に全員が恐慌状態に陥って、後先のことを考えず、車を放っぽらかして観光道路の坂道を駆け下ってしまった。

麓のコンビニまで一目散に走り、明るい店内に転がり込んだ。

会話する元気もなく、ただもう荒い息を吐きながら汗まみれで床にしゃがみこんでいたが、やがて大きなエンジン音が店の外から聞こえてきた。

店の窓から外を透かし見ると、観光道路から現れた観光バスが、空の運転席を見せつけるかのように、駐車場の向こう側をゆっくり通過していった。

結局、四人は朝陽が昇るのを待って、美の山公園の駐車場に戻り、各々の車に乗って帰宅した。

不思議なことに、朝もやに包まれた駐車場で、彼らの車はどれも最初に停めた位置に戻っていた。


後日、同じ面子《めんつ》で集まったときに、この夜の出来事について回想していたところ、美の山観光道路の中腹で多加士さんが見かけた老人を、他の三人も目撃していたことが明らかになった。また、その老人が公衆トイレで一人が見た「白いシャツのジイサン」だと考えられるということで、みんなの意見が一致した。

三人が老人を追い越した場所は、観光道路の出入り口、駐車場の手前、中腹の二ヶ所とバラバラだったので、瞬間移動していたとしか考えられなかった。

大量のしゃれこうべと旗を持っていた骸骨についても推理のしようがなかったが、此の世で起きたこととは思えなかったから、自分たちは異世界に誘われていたのだろうと四人で一応は結論づけた。

しかし多加士さんはやはり納得がいかず、その後、美の山公園について少し調べてみた。すると、公園のある蓑山の辺りに戦国時代の古城跡があることがわかった。だから、あの山は昔の侍たちの幽霊が守っているのかもしれない、と、彼は想像した。だとすれば、あのとき老人が着ていたのは白いシャツではなく、白い死装束だったのではないかとと思うのだという。

私は、多加士さんの体験談を傾聴すると、さっそく蓑山について調べてみた。

そして彼の言うとおり、蓑山の南側の麓にある小高い丘に、長尾城といって、一五世紀の戦国武将・長尾景春《かげはる》ゆかりの城があったと言い伝えられていることを確認した。

長尾氏は関東地方における名門士族であり、鎌倉時代から江戸時代にかけて上杉氏に仕えた。有名な上杉謙信の元の名は長尾景虎《かげとら》である。その長尾氏の中でも長尾景春は太田道《おおたどう》灌《かん》と闘ったことで知られる。景春の息子に烏坊丸《うぼうまる》という者がおり、これが妻女など二七人を引き連れてこの地に隠棲したという伝承が、南麓の瑞岩寺に残されているのだ。

しかしながら遺構は消滅しており、瑞岩寺が開基と仰ぐ烏坊丸とは、長尾景春の息子として史実に残る景英か景儀の幼名なのか通称なのかも判然としないなど、謎が多い。

かつては瑞岩寺にも長尾景春の墓があり、付近に「首塚」があったとも言われている。

今は瑞岩寺から一キロあまり離れた法雲寺という寺に長尾景春の墓が、さらに少し離れた神社に長尾威玄入道昭国《いげんにゅうどうてるくに》（景春の法名）と記した「奥方戦死の跡」という石碑が建っているという――以上が髑髏や骸骨の化け物が蓑山に出没する原因である、と断言するのは早計すぎるかもしれないが、首塚や大勢の妻女、奥方の碑など、妖しい材料は揃っている。

だが、私には、美の山公園で起きた事件や事故の方が、中世の残滓《ざんし》よりも恐ろしく感じられた。

まず、多加士さんたちが怪異に遭遇した翌年の、一九八七年に、遠足に訪れていた小学生児童が園内の崖から転落し、頭部を強打して一ヶ月後に死亡。

次いで二〇〇三年八月には、ここが有名な《熊谷男女四人殺傷事件》の舞台となった。

犯人の暴力団員が不倫相手の少女にけしかけられて、男性一名を熊谷市で惨殺し、被害者と一緒にいた恋人B、運悪く訪ねてきた同僚C、そしてその同居人Dという三名の女性を車で美の山公園まで拉致、公衆トイレ付近で殺害を企てた。

その結果、首を絞められ複数の刺し傷を負わされた挙句、崖から落とされたCが死亡。残る二人も非常に残虐な暴力の犠牲となり、いずれも一命は取り留めたものの深刻な後遺症が残ったという。尚、犯人は二〇一〇年に死刑に処された。

それから、二〇〇四年には山頂付近の駐車場で、若い男女七人の集団練炭自殺が起きた。二〇〇〇年代に話題になったインターネットを介した集団自殺、いわゆる「ネット心中」の走りで、亡くなった人数が多く、しかも中心人物が九〇年代末頃に人気があった女性ミュージシャンだったことから、この事件は社会の耳目を集めた。

——そして、多加士さんたちが異様な光景を見た場所は、目張りをしたワゴン車の中で変わり果てた姿となった七人の遺体が発見されたり、かつて三人の女性が殺傷されたりした現場と一致するのである。

怪が怪を呼び寄せた、稀有な事例であろう。

深夜のねぎぼうず

拙著に何度か登場していただいている神奈川県在住の女性、織香《おりか》さんが、最近また奇妙な体験談を寄せてくださった。

ちなみに彼女は三〇代で独身、平日は忙しく働いており、海釣りと怪談会に参加するのが趣味だ。もっとも、近年、世界を席巻した感染症騒ぎの折には、どちらも思うようにいかなかったという。共同でボートを借りて海に出るには釣り仲間が必要だし、怪談会は滅多に開かれなくなってしまったからだ。

生来、出歩くのが好きな彼女にとっては非常に辛い状況。運動不足も心配だった。

そこで、散歩でストレスの解消を図ることにした。

人通りの途絶えた深夜に独りで歩きまわる分には、感染症を伝染《うつ》したり伝染されたりする心配もない。

彼女の住まいは、街路が入り組んだ古い住宅街や大きな公園のそばで、徒歩圏内に川と海があった。ちょっと散策してみたら、見所が多いことにすぐに気がつき、毎晩せっせと出歩くようになった。

やがて足腰も鍛えられてきて、初めは一五分程度で家に戻っていたのが、三ヶ月もすると二時間でも歩き足りないような気がするまでになった。

そんな折――ちょうど秋風が吹きはじめた時分だったそうだが、とある友人に夜の散歩習慣について話したところ、「だったら、ねぎぼうずに行ってみたら？」と勧められた。

「ねぎぼうず？」と問い返すと、横浜市にある古い配水施設の貯水塔のことだという。

「昔あの辺りに住んでいたのだけれど、地元では有名な場所なんだよ。二五、六メートルも高さがある鉄筋コンクリート製のタワーで、天辺がドーム状になっていて……」

「へえ。中に入れるの？」

「ううん。ずいぶん昔に出入り口のハシゴが壊れてしまったから入れないんだって。でも壊す予定もなくて、水道局の敷地の端に五〇年も前から放置されているんだ。昔は水で満タンだったんだろうけど、使わなくなってからはカラッポだろうね」

この話を聞いて、怪談好きな織香さんは「面白いね。閉鎖された空間で水気と関係があるなんて、オバケが出そう」と興趣《きょうしゅ》をそそられた。

地図で調べてみたら、家からそこまで歩いても一時間と掛からなそうだとわかった。

そこでさっそく、翌日の深夜に訪ねてみることにした。

ときどきスマホでルートを確認しながら歩いていくと、上り坂になった狭い路地に途中から入った。けっこうな急こう配で、道幅の中心に沿って階段が設けられている。両側に民家が建ち並んでいたが、どの家の窓も暗い。

まるでゴーストタウンのようだが、どの建物も手入れされているので、単に住民が寝静まっているだけである。

そんなに遅い時刻だろうかと思い、時計を確認したら、午前一時を過ぎていた。

出発したのが零時頃だったから、一時間以上、歩いていたことになる。

急坂が続いているために、いつもより時間が掛かっているのだろう……と、思っていたら、横の方で「バンッ」と大きな物音がした。

反射的にそちらを振り向いたところ、ごくふつうの民家の玄関が目に飛び込んだ。

昭和時代風の、引き戸になった玄関だ。それが目の前でスッと三〇センチぐらい開いて、すぐにまた「バンッ」と勢いよく閉じた。

バン！　スッ。バン！　スッ。バン！　スッ――と、戸が戸袋に叩きつけられては開かれ、また閉じては開くことを繰り返しはじめた。

玄関の中は真っ暗で、三和土に誰かいるような気配がしなかった。

これが昼間なら、小さな子どもが悪戯していると思えたかもしれない。また、家人が目を覚ましてようすを見に来そうなものだったが、そんなようすもなかった。

少しの間、立ち止まって眺めていたが、薄気味が悪いので先を急ぐことにした。

やがて、前方に丸い塔の先端と、水道局の敷地を囲うフェンスが見えてきた。

到着したのだ。しかし、そこからは「ねぎぼうず」の全容が確認できなかったので、フェンスに沿って敷地を回り込んでみた。

すると間もなく、巨大化した灰色の魚肉ソーセージのような塔を間近に見られる場所に出た。そこは車道に面していて、道路を照らす街灯の明かりが塔まで届いていた。

コンクリートに蔦が這い、如何にも古びて、生きている町に、生命活動を止めた物がポツンと置かれたときの強烈な違和感が生じていた。

こういう異質な印象は廃墟に特有のもので、ふだんはあまり見られない。

織香さんは、ひとまず満足した。そして、そこから道なりに二〇メートルばかり進んだ先で、一軒のコンビニがあかあかと照明を点けて営業していたので、なんとなくそこを目指して歩きだした。

店に近づくにつれ、そのまた少し先にバス停があることに気がついた。

丸い標識に《貯水池前停留所》と記されている。水を買ってコンビニから出てくると、一台のバスが走ってきて、速度を落としながら目の前を行き過ぎた。

通過する刹那に、琥珀《こはく》色に薄暗い車内に、七、八人の乗客のシルエットが見えた。

——変に車内が暗いバスだな。

そう思ったのは束の間で、直後に、こんな時刻に路線バスが走っているわけがないと思い至った。だが、バスのボディ・カラーは見慣れたもので、ヘッドライトもテールランプもふつうに点灯している。

見惚れているうちに、それはエンジンの音をさせながらバス停に停まり、プシューッとドアが開いた。当然、誰かが降りるのだろうと予想した。

一人も降りない。ということは、ここから誰か乗るのかしら……。

だが、乗客が来ないうちにバスはドアを閉じた。

そのとき、織香さんは、バスの方から強い引力のようなものを感じはじめた。

テールランプを見つめながら、引き寄せられまいとして咄嗟《とっさ》に全身で抗ったが、伸びたバネが戻るときのように、バスが遠ざかれば遠ざかるほど、引く力が強まった。

全身が奥の方から強く引っ張られ、抵抗すると体の中身だけ、バスに持っていかれそうな気がした。

——もう無理だ！

抗うことをあきらめた途端、もう一体の自分が今までの体からポンと抜ける感覚があり、次の瞬間、バスの中程の座席に納まっていた。

窓の外を見ると、ねぎぼうずの外壁が間近に迫ってきていた。

地面から伝わる震動が、アスファルトで舗装された道路と何か違い、首を伸ばして下の方を確認してみたら、草野原《くさのはら》が視界に入った。

雑草が生えた原っぱを走っているのだ。反対側の窓を見やると、フェンスが見えたが、外から眺めたのと感じが違った。

このバスは、いつのまにか水道局の敷地の内側に侵入したようだ。

そのうち、バスはねぎぼうずの建物から離れて、四角い建物の前まで行くと、そこの出入り口のところで停車した。

プシューッと前方のドアが開き、四人の乗客が下車した。残るは織香さんを入れて四人。

バスが再び動き出し、弧を描いて走るうちに、またねぎぼうずに接近してきた。

今度は、ねぎぼうずのそばで停車して、三人が座席から立ち上がった。

なんとなく自分も降りることが期待されている雰囲気が、運転手の方から伝わってきた。


「親不孝になるといけないから、親指を隠しなさい」


頭の中で子どもの頃に亡くなった曾祖母の声がして、咄嗟に命令に従った。

親指を中に隠してグーを握り締めた。

その途端、外に引っ張られる心地が生じて、スポンと抜け出る妙に快い感じが全身に走ったと思ったら、バス停の前に立っていた。

今まではバスに乗っていたはずだが、そんなものは最初から存在しなかったかのようでエンジンの音すら聞こえず、静まり返った道の両側を見渡すと、さっき水を買ったコンビニの光が道路まで溢れており、黒いシルエットになったねぎぼうずが夜空を衝いていた。

時刻は午前二時で、来た道を急ぎ足で戻ると、四〇分ぐらいで何事もなく家に着いてしまった。

よっさん

現在は作家として活動されている五十嵐大《だい》さんから、彼のお祖母《ばあ》さんの逸話を電話インタビューで傾聴したことがある。たしか二〇一八年頃で、それから二年ぐらい後に、同居していた祖母を含むご自身の家族について綴った『しくじり家族』という本で彼は作家デビューした。

もしもインタビューより先に『しくじり家族』を読んでいたら、これから書く話に登場するお祖母さんについて、色メガネを掛けずにお聴きするのは、私には難しかっただろう。ちなみに『しくじり家族』には、このお祖母さんについて「ある宗教の熱心な信者」と書かれている。

何教であるかは、この本だけでなく彼の他の著作や雑誌エッセイなどでも伏せられているのだが、その後お書きになったものでは宗教三世として、他の家族全員が祖母に強いられて信者をやらされていたと明言されている。

排他的な教えを実践しようとする祖母が、彼にさまざまな困難をもたらしたようだ。

だから、すでに作家となった彼がお祖母さんについてそのように書いているなら、赤の他人が軽々にいじるものではないと考えて、この話をお蔵入りにしていたのである。

しかし今回、取材メモのファイルを整理し直したところ、私の手違いで思わぬところに五十嵐さんの取材メモが混入する結果となり、はからずも読み返したわけである。

すると、そこには、どこにでもいそうな孫と祖母が不思議な現象を二人で共有する瞬間が切り取られていた。

インタビューさせていただいたときの記憶も蘇った。

――そうなのだ。あのとき、五十嵐さんは宗教の「しゅ」の字も口にしなかった。

お祖母さんに対する愛憎や宗教三世としての苦悩も、一切、私には語らなかった。

だからこれは、純粋な実話の怪談である。

そのように書いてほしいと願って彼は私の取材に応えたのだと思うし、そうとしか書けない話だ。

そのとき彼と祖母が二人で観ていたテレビは丸みのあるブラウン管内蔵受像機で、茶の間に置かれた電話はダイヤル式の黒電話だった。

およそ三〇年も前のことになるが、当時小四か小五の五十嵐少年は、母方の祖父母と両親と一つ屋根の下に暮らしていた。場所は塩釜港からそう遠くない宮城県の田舎町。夏休みの時季だった。

夕食後すぐに父と母が連れ立って車で買い物に出掛けてしまい、祖父はいつものように晩酌で酔って寝てしまったので、やけに静かになった茶の間に、彼は祖母と二人きりで取り残された。

五十嵐家の茶の間は、居間やリビングと呼ぶより茶の間と呼ぶのがふさわしい、万事、昭和風味の和室だった。扇風機がぬるい空気を掻きまわしていた。

二人でテレビを眺めているうちに、やがて九時になった。九時から始まる番組を選びあぐねて、彼はリモコンのボタンをしきりに押していた。祖母はお茶を淹れなおした。

ピンポーン。

突然インターホンが鳴った。

「誰かねぇ」と祖母が立ち上がって玄関に行った。が、「だぁれもいなかった」と言いながらすぐに引き返してきて、卓袱台《ちゃぶだい》の定位置に座布団を直して腰を落ち着けた。

途端に再びピンポーン、と。

「僕が見てくる」

彼は祖母に告げると、小走りに玄関へ向かった。

テレビの音から離れると、夜になっても止まない蝉しぐれが聞こえてきた。

インターホンの通話ボタンを押して「はい、どちらさまですか?」と訊ねた。

返事がない。

そこで彼は、このところ三和土に置きっぱなしにしている自分のゴム草履をつっかけて、ガラガラと引き戸を開けた。

ひときわ喧《やかま》しくなる夜蝉の大合唱。玄関から漏れた明かりが門まで届いて、薄明かりの中をふらふら飛んでくる藪蚊が一匹。

人の姿はなかった。

「お祖母ちゃん、誰も来ていなかったよ」

「そうかい。変だね。インターホンが故障したのかも……」

そんなふうに話していたら、今度は黒電話がリンリン鳴った。

「はい」と祖母が出た。聞き耳を立てていると、「あら、よっさん!」と嬉しそうに言ったので、祖母と仲がいい親戚の老人の顔を思い浮かべた。

よっさんは母方の遠縁で、戦争で肉親の多くを亡くした祖母が実の兄のように慕っている人だった。だが、年寄りで足腰が弱っており、五十嵐さんが物心ついた頃から、法事のときぐらいしか祖母とも顔を合わせる機会がなくなっていた。

祖母は大好きなよっさんが電話をくれたので顔をほころばせて、「どうしたの？　体の具合は？　そっちの家のみんなは元気にしてる？」などと電話の向こうに矢継ぎ早に問いかけた。しかし期待していたのとは違う反応が返されたようで、急に笑顔を消してこちらを振り向くと、

「よっさんが、大くんに代わってほしいと言っている」

と言って受話器を差し出した。

「なんで僕と？」と彼は戸惑った。

不思議に思いながら、受け取った受話器を耳に押し当てて、「もしもし。大です」と言ったところ、なんの返事もない。

そこで「よっさん、何も喋んないよ」と言うと、祖母が再び受話器を持ち、「よっさん、うちの孫に何か話があるんじゃないの？」と訊ねたのだが、すぐまた、顔をしかめて受話器を耳から離すと、黙って受話器を置いた。

「無言だった。よっさん、大丈夫かしら」

「お祖母ちゃん、よっさんのうちに電話を掛け直したら？」

「んだっちゃねぇ。んでも、もう九時を過ぎでるし……」

高齢のよっさんの世話をしている彼の妻も相応に年寄りで、田舎の老人はだいたい早寝するものだ。

九時ならそろそろ蒲団に入っていてもおかしくなかったから、祖母が逡巡するのはもっともだった。

結局、祖母はよっさんの家に電話をすることもなく、間もなく両親が帰宅すると、順繰りに風呂に入って寝る運びになった。

明くる日の早朝、よっさんの家から電話があった。

——よっさんは、昨夜、夕食後すぐに蒲団に横になった。そして眠っている間に静かに息を引き取った。家人が気づいたときには冷たくなっており、死んでから何時間も経っているようだった。

この訃報を受けて、祖母はこんなことを言った。

「よっさんは、インターホンや電話のときには、もう亡くなっていたんだろう。魂を飛ばして、私と大くんに会いに来てくれたのかねぇ」

五十嵐さんは二〇歳になると上京して、東京で働きながら独り暮らしを始めた。社会人になって初めての盆休み、実家に帰省すると、彼を出迎えた祖母が「よっさんお帰り」と言った。

「孫の大だよ」と訂正したら、祖母は目を丸くして、彼の顔をしげしげと眺めた。

「……本当だ。大はよっさんに似でっから、間違えですまったよ」

認知症が始まっていた。

帰省するたびに症状が重くなり、だんだん話が通じなくなった。

「よっさん、昔はよぐ一緒におはぎ食ったよね」

「僕はよっさんじゃなくて、大だよ」

「よっさん、ここさこうして座ってるのに、何言ってるの?」

三〇歳のときに、祖母が危篤に陥り、彼は急いで実家に戻った。

その頃にはすでに祖母は寝たきりになっていた。

介護用ベッドを入れた祖母の部屋には、胸が悪くなるような腐敗臭が垂れ込めていた。

床ずれが急激に悪化して、尻や背中が広範囲に膿み爛《ただ》れてしまい、手のほどこしようがないのだと母から教えられた。

祖母は九八歳になっていた。

「よっさん、来てけだの？」

「僕は孫の大だよ」

「よっさんだっちゃ。よっさんが来てけだがら寂しくねぇよ」

結局、祖母は死ぬまで彼をよっさんだと思い込んでいたという。

告別式の後、彼は祖母の遺品整理を手伝った。

遺品の中に古いアルバムがあり、そこに、青年時代のよっさんの肖像写真があった。それまで彼は、若いときのよっさんは、自分と顔や背格好が似ていたのだろうと信じ込んでいた。

しかし、肖像写真のよっさんの顔立ちや体つきは、自分には少しも似ていなかった。血が繋がっているとは思えないほど、どこを取ってもまるで違っていた。

いったいどういうことだ……と、考えるうちに、小四の夏に掛かってきた電話のことを思い出した。

——あのとき、よっさんはお祖母ちゃんに僕と電話を代われと言った。もしや電話を通じて僕に憑依して、晩年のお祖母ちゃんの目には僕の姿がよっさんに見えるようにしたのではないか。お祖母ちゃんが寂しい想いをしないように、最期の思いやりで。

五十嵐さんには、そう思えるのだという。

阿蘇の記憶

阿蘇山の山頂付近の集落が、冬の積雪に悩まされなくなって久しいという。

時晴さんが両親とそこに住んでいた頃は、四、五〇センチも積もり、日陰は春先まで溶け残った。

この辺は元は杣人《そまびと》の村だったようだ。彼の家では祖父の代から林業を営んでいた。工務店の真似事もしており、祖父が建てた家で暮らしていた。平成の初め頃まで集落には兼業農家も何軒かあり、田んぼが家と家の間を埋めて水を張る時季には空を映していた。

今では見られない光景だ。住人が減り、田は消え、家も一〇軒あまりしか残っていない。

時晴さんの家は国道に面していた。山にありがちな曲がりくねった坂道で、坂を下りた麓の町に学校や商店があった。小学校のときは片道一時間もかけて徒歩で通学していた。中高は自転車通学が許されていた。自転車を手に入れてから行動半径がグンと広がって、高二のときに町のパチンコ屋でアルバイトを始めた。

パチンコ屋の息子と同級生で仲が良く、しょっちゅうつるんでいたら、そいつの母親にスカウトされたのだ。

「人手が足りないから、うちでバイトせん？」と。

小遣いに不自由していたから、一も二もなく飛びついた。

それから高三の一学期まで、週に何度かそこで働いた。もっぱら夜勤で、零時に閉店した後、店中を掃除すると、午前一時を回ってしまうことが多かった。

ある夏の夜、深夜、パチンコ屋のバイトを終えて、田んぼの横を自転車で帰る途中、前方に人影を認めた。

最初に「人だ」と思ったときは、夜道な上に、かなり離れてもいたので、二人並んでいるような感じがしただけで、細かいようすはわからなかった。

一〇〇メートルぐらいまで近づくと、頭のてっぺんが尖った奇妙なシルエットがはっきり見て取れた。また、片方が非常に小さいこともわかった。五、六歳の子どものようだ。

防空頭巾を被った親子だ、と思った。

ぐんぐんと近づく――彼らは、こちらに向かって歩いてきているのだ。

親子は手を繋いでいる。大きい方はモンペを穿いた女だ。子どもは男の子で裸足の脚をぴったり揃えて、気をつけの姿勢で地面の数センチ上に浮かんでいる。

よく見たら、女も足を動かしていない。宙を滑るように前進してくる。

魅入られたように目を釘付けにしたままペダルを漕いでいたが、親子に真正面からぶつかる一〇メートルぐらい手前で我に返り、慌てて左によけた。

コケそうになったが、なんとか体勢を立て直して停止し、片足を地面について振り返ってみたところ、親子の姿が見当たらない。

キョロキョロしていると、地響きを立てて大型トラックが走ってきた。

この国道は阿蘇と熊本市を結ぶバイパスで、夜間でも長距離輸送のトラックが通ることがあった。

トラックが通過すると同時に現実感が戻ってきて、背筋を寒気が駆け上り、全身に鳥肌が立った。

その晩はシャワーも浴びずに、タオルケットを頭から被って寝てしまった。

明くる日、前の晩に見たことを家族に打ち明けたいと思ったけれど、アルバイトをやめろと言われそうな気がして、話しそびれた。家族はみんな、パチンコ屋で働くことを好《よ》く思っていなかったのだ。

そこで、しばらくして、たまたま道ばたで出会った二学年上の先輩に、立ち話のついでを装って「こないだ、防空頭巾ばかぶった親子連れん幽霊ば見た」と話した。

「どこで見たと?」

「国道ん途中ばい。田んぼんとこば少し過ぎた……」

「ああ。心当たりがあるたい! そん辺に祠《ほこら》があるけん、探してみなっせ。元は道路から見えとったばってん、誰も手入ればせんけん、草に埋もれっしもうたんだ」

探しに行くと、小さな木造の祠が夏草に埋もれ、蜘蛛の巣だらけになって建っていた。

時晴さんは家に帰ると、家族に祠の来歴を訊ねた。

しかし両親は「正体不明の祠だよ」と言うばかりで、祖父母ですらはっきりしたことは知らなかった。唯一、祖父が「この辺りでも米軍機にやられた住民がいたから、その御霊を祀った祠だと思う」と言ったが、幼児の頃に聞いたきりで記憶が曖昧で、どの家から犠牲者が出たのかわからず、本当のことだという確証は得られなかった。

たしかに、一九四五年七月一日の熊本大空襲を皮切りに、熊本県は日夜、米軍機による攻撃にさらされた。阿蘇山一帯も、被害が少なかったものの、現・阿蘇市や南阿蘇市の辺りでは機銃掃射による民間人の死傷者があったと言われている。

しかしながら、私は思ってしまったのだ。

阿蘇地方で戦時中に起きたことといえば、墜落したB29の乗組員一一人を村人たちが襲い、うち三人が非常に惨たらしく殺害され、一人が追い詰められた挙句に拳銃自殺した事件が有名である、と。

だから、もしかするとその祠は殺した米兵の慰霊碑では……と憶測したのだが、そうなると防空頭巾の母子の幽霊が出没するいわれがないわけだ。

尚、B29乗組員惨殺事件の正式な慰霊碑は、熊本と県境を隔てた機体の墜落現場である大分県竹田市に《殉空之碑《じゅんくうのひ》》として立っている。

また、墜落する機体からパラシュートで脱出した米兵のうち四人は、先に述べたように阿蘇地方で死亡したが、残る七人は捕虜となった――が、機長を除いた六人は、別の墜落機の米兵らと共に、九州帝国大学医学部で生体解剖や人体実験の犠牲となった。

これが後に世間を震撼せしめた《九大生体解剖事件》なのであるが、話が脱線したので、今回の話は、これにてお終いとさせてただく。

鯛夢さんの本当にあった怖い小咄

怪談イベントをプロデュースされている最終京王線さんという方がいて、ときどき仲間を集めて心霊スポット巡りをされている。私も何度かお誘いいただき、いろんな場所に連れていってもらった。怪談師のいたこ28号さんや村上ロックさん、心霊アイドルのりゅうあさん、怪談蒐集家の西浦和也《にしうらわ》さんなどとご一緒して、そこで体験した二、三の出来事は拙著に書いた。

五年ほど前に参加したときには、ホラー漫画家の鯛夢《たいむ》さんがメンバーに加わっていた。それがきっかけで、鯛夢さんから不思議な体験談をいくつかお聴きした。まだ活字に起こしていない小咄的なものを三話、ご紹介しようと思う。

【疳《かん》の虫】

二〇歳ぐらいの頃、栃木県出身の友人が出来て、故郷で見聞きした奇妙なことをたまに話してくれた。そのうちの一つに疳の虫の話があった。

「小さい頃、親父が『あぶらんけんそわかあ』と呪文を唱えながら俺の体を撫でたら、そこから白くて細い糸がニュルニュル出てきた。それが疳の虫の正体なんだ」

糸を出すと気分が落ち着き、夜泣き、癇癪《かんしゃく》、ひきつけが、たちどころに治ったという。

それを聞いて、自分も肘から蜘蛛の糸よりまだ細い糸が何本も絡み合いつつ、まるで煙が立ちのぼるかのように湧いて出て、驚いて父に見せたら「これは疳の虫だよ」と言われたことを思い出した。

小学校低学年の頃の記憶で、その後、疳の虫をどうしたのかまでは憶えていない。


【バタンバタン】

小学校高学年になると両親が麻雀を教えてくれた。それからは、たまに親族麻雀に加わった。そう遠くないところにちょっと広い親戚の家があって、そこで集まることが多かった。その日も、みんなで麻雀をしていた。

いつものことだが、それなりに白熱して、席を外しづらい雰囲気になった。

しかし、やがて尿意が我慢の限界に近付いた。そこで一段落したところで自分だけ抜けて、急いでトイレへ行った。

麻雀をやっている部屋は二階で、トイレは一階にあった。

オシッコをしていたら、一階のどこかから、バタンバタンと音がする。

何だろうと思い、音の出どころを探っていくと、襖《ふすま》が開いた和室があって、部屋の奥で仏壇の扉が開いたり閉じたりしていた。

誰も触りもしない仏壇の扉が音が立つほど勢いよく開閉するのが不思議で、好奇心から近づくと、仏壇の中から吹き出す風が顔に当たった。

この風が扉を揺らしていたのか。いや、だとしても、内側から扉を開かせようとする力に対して、閉じようと抵抗する力がないと、こうはならないだろう。

仏壇の奥行きは四、五〇センチほどで、風が出てきそうな穴も無かった。

中を覗き込んで観察してみたけれど、らちが明かないのであきらめた。

しかし、和室から出ても、後ろでまだバタバタバタバタ扉が鳴っているので、気になって仕方がなかった。

階段を上るにつれて音が遠のき、踊り場あたりですっかり聞こえなくなった。

二階に戻ると、麻雀は再び熱い局面に入っていた。大人たちが楽しそうに盛りあがっているのに、仏壇がうんぬんと話せば水を差してしまいそうに思われ、結局、言い出せないままになった。

【お通夜の宴会】

たしか中一のときだったと思うが、家族で住んでいたアパート団地で、真下の部屋で独り暮らしをしていた人が亡くなった。

この団地には集会所があって、住人が死ぬと、そこでお通夜を開くことがあった。

子どもまで参列する必要はないと親に言われて、弟と留守番することになった。

することもないので、夜の九時ぐらいに二人とも蒲団に入った。

しかし横たわるとすぐに、畳の下から陽気な騒ぎが聞こえてきた。

死んだ人の部屋に大勢の男女が集まって、宴会を始めたようだった。

大きな声で会話したり、笑ったりしている。

うるさいなぁと思ったが、弟が寝息を立てはじめると、瞼《まぶた》が重たくなってきて眠ってしまった。

翌朝、両親にこのことを話すと、昨夜はお弔いに必要な物を故人の親族が取りに行っただけで、基本的に下の部屋には誰もいなかったと教えられたので、背筋が冷えた。

幽霊画の祟り

円山応挙《まるやまおうきょ》は一七三三年に生まれ、少年の頃に京都の高級玩具商に弟子入りし、当時人気があった覗きからくりに用いる眼鏡絵の制作に従事する中で、遠近法と写生を学んだ。覗きからくりは、覗機関《のぞききかん》または覗き眼鏡とも言い、遠近法を用いて描かれた写実的な風景画を凸レンズ越しに眺めることで、臨場感を楽しむという趣向の玩具だった。雄大な山々や船が集う港湾、異国の都市のパノラマを視覚的に体感するものと言ったら、昨今ならVRが思い浮かぶ。一八世紀半ばの頃には、覗きからくりが新奇で物珍しく、富裕層から庶民まで人気を博したのだ。

覗きからくりには眼鏡絵という専用の風景画が欠かせなかった。

初め、円山応挙は玩具商のもとで、眼鏡絵の作家として腕を磨いた。

眼鏡絵は、写実表現と遠近法を取り入れた画風に特徴がある。それを日本画に活かしたことで、応挙は無名の玩具絵師から一八世紀京都画壇のスターダムにのし上がり、円山派の始祖となるに至ったのだ。

そんな応挙であるが、二一世紀の今現在、応挙と聞いて一般の人が何を思い浮かべるかというと、彼が得意とした風景画や動植物の絵よりも先に、幽霊画なのではあるまいか。「足の無い幽霊を発明したのは円山応挙という絵師だった」という有名な俗説がある。一九九四年にヒットした映画『居酒屋ゆうれい』に応挙の幽霊画の掛け軸が出てきてから、よけいに応挙と幽霊画をセットにする固定観念が世間に広まったとも言われ、とにかく「応挙といえば幽霊画、幽霊画といえば応挙」というのが世間の通り相場なのだ。

しかし実は応挙以前の元禄時代にも、浄瑠璃絵などに足の無い幽霊が描かれていた。だから応挙は、幽霊に足を描かない習慣を日本人に定着させたに過ぎないのだが、それだけに人気のほどが知れよう。

ちなみに応挙の代表的な幽霊画は三幅《さんぷく》あり、青森県弘前《ひろさき》市の久渡寺《くどじ》、アメリカのカルフォルニア大学バークレー校、東京都谷中《やなか》の全生庵《ぜんしょうあん》が、それぞれ一幅ずつ所蔵している。

この三幅の絵は構図が同じで、そこに描かれた幽霊の容姿も、並べてみなければ見分けがつかないほどよく似ている。どれも幻想的で、淡雪のように儚くて美しい。

このうち応挙の款記《かんき》（書画が自作であることを示す姓名や年月など）と落款《らっかん》があるのはバークレー校にある《お雪の幻》だけだ。これには由緒書《ゆいしょが》きも付いている。

それによると、お雪は若くして亡くなった応挙の愛妾《あいしょう》で、死後に幾晩も応挙の夢枕に立った。そこで応挙は、亡霊となった彼女の面影を画布の上に描き留めたということだ。他の二幅には、そうした由緒書きや落款、款記が無いため、真筆《しんぴつ》（本人が描いたもの）ではないかもしれないと囁かれてきた。

応挙は、なぜか作品に何も記さないことが多かった。つまり、落款・款記が無くとも応挙の作品として世に受け容れられてきたものが少なからずあったということになる。幽霊画に関して言えば、なんと呆れたことに、江戸時代からつい最近までの長きにわたり、我が国には確実に応挙の真筆とされる作品が一幅も存在しなかった。

そのため円山応挙の幽霊画には贋作《がんさく》も多かった。都市伝説ではないけれど、本物だと信じるか信じないかはあなた次第と言いたくなるようなありさまだったのだ。

ところが、二〇二一年五月二〇日、青森県弘前市教育委員会が、久渡寺が所蔵する幽霊画《返魂香之図《はんごんこうのず》》はまぎれもなく応挙の真筆であると発表した。

市文化財審議委員によると、返魂香之図と共に保管されていた図説と蓋書に「応挙作」と墨書されていたほか、弘前藩家老・森岡主膳《しゅぜん》こと元徳《もとのり》が一七八四年に久渡寺に寄進した旨の記載があった。

森岡元徳は正妻と愛妾を相次いで亡くした。返魂香之図は、市文化財審議委員が市内の墓石や過去帳を調査した結果、元徳が亡き妾の面影を偲ぶために応挙に注文した経緯が裏付けられたのだという。さらにまた、バークレー校の所蔵作品と構図や制作期が近く、画力を比較しても遜色がなく、応挙ならではの筆致が見られたため、真筆であることが証明されたとして、弘前市有形文化財に指定された。

ちなみに私はこの掛け軸の前で怪談を披露したことがある。

真筆が証明された二〇二一年、お盆に合わせて地元有志による怪談会主宰団体・弘前《ひろさき》乃《の》怪《かい》が《津軽怪談夜会》と銘打って久渡寺で怪談イベントを開催し、そこへ西浦和也さんと共にゲストとして招かれたのだ。

従来、返魂香之図は久渡寺で毎年、円山応挙の妻の命日とされる旧暦五月一八日に一時間のみ公開されてきた。しかし市有形文化財になったので公開の機会を増やす方針に変わり、その第一弾が、盆施餓鬼法要に合わせた檀家衆への公開、および、この怪談会だった次第だ。

さて、枕が長くなってしまったが、そのとき私が、御簾《みす》越しに返魂香之図を背にしてお客さまの前で語った、とっておきの話をこれから綴ろうと思う。無論、実話である。

「インターネットのオークションサイトで一万円で落札した円山応挙の掛け軸のせいで、とんでもない目に遭いました」

ある日、私のSNSにこんなメッセージが寄せられた。

常識的に考えて、一万円で応挙が買えるわけがない。

もしも真筆の可能性がある「伝円山応挙作《でんまるやまおうきょさく》」の幽霊画がネットのオークションに出品されたらマスコミが飛びついてすぐに話題になるであろうから、贋作に決まっている。

そう思いながら、ネタ日照りにつき、すぐに電話インタビューを申し込み、「とんでもない目」の顛末《てんまつ》を聴いた。

四〇代の自営業者、志村さんは、若い頃からタトゥーアーティストを志し、三一歳のとき、某地方都市の繁華街でタトゥースタジオを経営しはじめた。

志村さんが手懸けるのは電動のタトゥーマシーンを使ったいわゆる洋彫りであり、ファッションに敏感な若者に愛好者が多い。タトゥーについては賛否両論あるが、二〇〇四年のその当時、地方都市にも少しずつ愛好者が増えつつあった。独立するにあたり、彼はライバルのいない地方都市を選んだ。それが正解だったと見えて、経営の滑り出しは非常に順調だったという。

――あの幽霊画に出遭うまでは。

志村さんは、タトゥーアーティストとして美術全般に関心があった。洋彫りで人気のモチーフ、たとえば聖母マリア像や何かでも、自ら西洋の宗教画を参照して下絵を起こすと迫力が違うのだ。昨今は和のテイストを取り入れたタトゥーを好む客も珍しくないから、浮世絵をはじめとした日本美術の教養も深めるように努めてきた。

それに、もともと子どもの頃から絵は描くだけでなく、鑑賞するのも好きだった。だから、開店から半年もして、ほんの少し懐に余裕が出来てくると、自分の城であるタトゥースタジオを好きな絵で飾りたくなった。

それも、ありきたりではない絵で。

日本画が良いのではないか？　そう思いついたが予算には限度があった。安く手に入れられたら、それに越したことはない。まずは相場を知りたい。

そこで彼は、インターネットのオークションサイトを見てみることにした。オークションサイトでは、通常、過去の出品物の落札価格を調べることができる。市場で取り引きされるおおよその相場を把握するにはうってつけなのだ。

手始めに、店のパソコンで国内最大のオークションサイトを覗いてみた。「絵画」「美術」「日本」「インテリア」などのキーワードを検索ボックスに打ち込むと、和風の絵画や美術品などが画面に表示され、いちばん上にあったのが、「円山応挙の幽霊画」の掛け軸だった。出品者は日本の工芸品などを取り扱う古美術商であると自称しており、絵の方は典型的な幽霊画だと志村さんには思えた。

――足が無く、白い死装束を着て、髪を振り乱した女を描いた日本画だったから。女といっても、口を半開きにして鉄漿《おはぐろ》をした前歯を見せた老女である。

「応挙じゃないだろ」と思わず独り言をつぶやいた。

彼も代表的な応挙の幽霊画は知っていた。東京の全生庵という寺で毎年夏に開かれる幽霊画展に何度か足を運んだことがあり、伝円山応挙の《幽霊図》を再三、眺めた。アメリカにある《お雪の幻》、青森の《返魂香之図》と同じ構図の幽霊画だ。

そこには、うっとりするほど美しい女が繊細なタッチで描かれていた。あんな綺麗な女性なら、返魂香でも何でも使って、あの世から呼び戻したくもなるだろうと思ったものだ。あれとこの絵の幽霊は、だいぶ異なる。画風やタッチも、似ても似つかない。だから一目でニセモノだと直感したにもかかわらず、どうしてもこの掛け軸を手に入れないと気が済まなくなってしまったのだという。


「幽霊画の女と目が合ったように感じたんですよ」と、インタビューの折に志村さんは私に言った。苦笑いしている顔が目に浮かぶ、自嘲気味の口調だった。

「魅入られたとしか言い表しようがないのですが、とにかく欲しくてたまらなくなって、即座に一万円で入札しました。首尾よく落札できたときは、本当に嬉しかったですね」

「そんなに素晴らしい絵だったんですか」

「なんとも言えません。ご自分の目で確かめてみたらいかがですか？」

彼が利用したオークションサイトは、落札済の商品も表示している。だから、その絵を探して確かめろという意味だと思いきや、そうではなかった。

「ずっと後になってたまたま《朱《あか》い塚《つか》》というサイトで同じ絵を見つけたときには《枕返しの幽霊》という画題が書かれていました。《朱い塚》に今でも載っているはずです」

私は《朱い塚》の管理人・塚本守さんと面識があり、幽霊画を蒐集していることも本人から聞いたことがあったが、それをサイトで公開しているのは知らなかった。

そこで、まずは《朱い塚》で《枕返しの幽霊》を確認した。

すると、すぐにこの絵のオリジナルがわかってしまった。何度も見たことがある、好事家の間ではよく知られた幽霊画だったのだ。だから、その辺のことも書き添えつつ、この絵を入手した経緯と動機をメールで塚本さんに問い合わせてみた。

するとその日のうちに、塚本さんから以下のような返信を頂戴した。

《川奈様　お世話になっております、塚本です。

私が持っている《枕返しの幽霊》の掛け軸ですが、川奈さんがおっしゃるとおり、あれは栃木県の禅寺・黒羽山大雄寺《くろばねさんだいおうじ》にある有名な《枕返しの幽霊》を模写したものです。

しかし《應挙《おうきょ》》という款記と落款があります。

私はこの掛け軸を二〇〇一年頃に〇〇〇オークションで購入しました。当時はいわくつきの物をコレクションしはじめたばかりで、二点目に入手した幽霊画がこの掛け軸でした。

購入当時はボロボロで、二〇一四年頃に修復しております。

数年前に○○○オークションで全く同じ掛け軸が出品されていたのを見かけたので、今、川奈さんが取材されている体験者の方は、それを買われたのではないかと思うのですが、如何でしょう？》

志村さんがこれと同じ絵を落札したのは二〇〇四年だから時期が合わない。

しかし試しに「数年前に○○○オークションで全く同じ掛け軸が（中略）それを買われたのではないか」という塚本さんの疑問を志村さんにぶつけたところ、数年前に志村さんが買った幽霊画が○○○オークションに出品されていた事実が明らかになった。

ならば、塚本さんが見かけたのは志村さんが持っていた絵である可能性がある。

さらに、志村さんが手に入れた幽霊画も落札した時点ですでにかなり傷んでいたということもわかった。

勘のいい読者さんは気づいていると思うが、この時点で一つの推理が成り立った。

そこで私は、確認のために、塚本さんに電話で二、三、質問させていただいた。

「もしかすると塚本さんも一万円で古美術商を名乗る出品者から落札したのでは？」

「ええ。即決価格が一万円でした。川奈さんが取材されている方もそうなのですか？」

「一万円で落札したとおっしゃっていましたから、おそらく……。塚本さん、私が思うに、大雄寺の《枕返しの幽霊》の模写の精巧なプリントに旧字体の応挙の款記と落款を付けたものを何枚も作って、オークションサイトで販売している人がいるんじゃないでしょうか？　肉筆画ではなかったでしょう？」

「はい。一見、肉筆のようなんですが、絵画や印刷技術に詳しい人にあれを見てもらったら、非常に精緻なプリントの上に手作業で古色を付けたものだと言われました」

「やはり。大雄寺所蔵のオリジナルの方は、読みは同じオウキョでも円山応挙ではなく、古抑園鶯居《こりゅうえんおうきょ》という絵師の作品です。画風も応挙とは違うのに、よくもまあ《應挙》なんてもっともらしい款記を記して売ったものですね」

「……でも……しかしですよ？　僕はあの絵を手に入れてから急に体調が悪くなってしまって、おまけに家人まで病気になり、なんだかあの絵のせいのような気がしたので、一〇年近く物置の奥にしまい込んでいたんですよ」

——プリンターで量産された贋物に霊障があるとは、奇妙なことだ。

私は思わず「変ですね」と口走ってしまい、すぐに塚本さんに無礼を詫びた。

「塚本さんがヘンという意味じゃなくて、印刷物が障るのは不思議だという意味です」

「たしかに。だけど掛け軸を物置の奥に引っ込めたら僕も家人も元気になったので、あれのせいだと思うんですよ。二〇一四年だったかな……僕の幽霊画コレクションを怪談会の会場の飾りつけに使わせてほしいという依頼を貰って、あれを物置から引っ張り出して専門業者に送って修復してもらったら、大丈夫になりました。つまりその後は何も起きていません。修繕したら霊障をもたらす加工が取れたのかな……」

「興味深いですね」

「それとね、その頃、怪談関係者からこんな話を聞いたんですよ。二〇〇一年に僕が落札する以前にも、これと同じ贋物の幽霊画が百物語の演出に使われたことがあって、そこでは何か怪奇現象が起きたというんです」

「では、やはり問題の贋物は祟るのでしょうか。私が取材している方も、これを手に入れてから大変なトラブルに立てつづけに見舞われたそうです。一方、オリジナルの大雄寺所蔵の《枕返しの幽霊》は怪異が起きるとは言っても……」

「ほのぼのしたものですよね！」と塚本さんは軽く笑った。

「あの絵の前で寝ると、妖怪の枕返しに悪戯されたみたいに、朝には頭と足の向きが逆になっているそうで……。そういう罪のない悪戯なら許せますけどねぇ」

こんな会話を塚本さんと交わしながら、私はふと、怖いことを想像した。

件の贋作《枕返しの幽霊》は何枚でも刷ることが可能だ。

悪意のある誰かが、何十枚、何百枚と印刷して、それらすべてに持ち主に災いを引き起こす呪いを掛けているのだとしたら……。


二〇〇四年の志村さんに話を戻す。

問題の絵を、彼は自分のタトゥースタジオの壁に飾った。

今風のロックテイストのインテリアに、古色蒼然とした幽霊画の掛け軸が似合うはずがなく、明らかに違和感があった。

客も、志村さんの友人や恋人も、全員が口を揃えて、「なぜこんなものを飾るのか？」と彼に問うた。恋人に至っては、はっきりと「気持ち悪いから、見えないところにやってよ」と彼に訴えた。

「ここにずっと掛けておくなら、もう会いに来てあげない」

「そんなこと言うなら来なくていいよ。どうせ仕事の邪魔だ」

「ちょっとそれ、本気なの？　呆れた。じゃあもう来ないよ」

こんなのは売り言葉に買い言葉というやつで、すぐに忘れてくれるだろうと高を括っていたら、彼女は本当に彼のタトゥースタジオに来なくなった。

しかし彼は少しも動じなかった。

この幽霊画に魅了され、これを所有する喜びに比べたら、人の好意や好感などは気にしてはいられない、実に些細なつまらないことだと感じていたのだ。

その一方で、こんな老婆の霊を描いた絵なんぞに惹きつけられる自分の心が不可解でもあった。鉄漿の口もとも、痩せさらばえた肉体も、ざんばらの髪も、単に醜いだけではなく、怖い。最も不気味なのは、どちらを向いているのかわからない眼だ。

京都の古刹・妙心寺と天龍寺には、《八方睨みの龍》と呼ばれる龍の天井画がある。また、本願寺書院の天井には一隅に《八方睨みの猫》と称される絵が描かれている。

どれも、どこから眺めても描かれているものと目が合うように感じられることから、そう呼び慣わされているのだ。

この幽霊画の老女も、八方睨みの眼を持っていた。

室内のどこから絵を振り向いても、必ず、絵の中の老女と目が合った。お蔭で、絶えず絵の老婆に見つめられているような心地がしたが、彼はそれを「見守られている」と解釈した。

やがて彼は、幽霊画の老女の視線を感じていないと寂しくて仕方がなくなった。

自宅のマンションに帰らず、タトゥースタジオに寝泊まりすることが増えた。

志村さんがタトゥースタジオに籠り切りになるに従って客足が遠のき、売上が落ちていった。

ある日、独立に際して協力してくれた恩人と呼ぶべき同業の先輩が、心配顔でようすを見に来た。

「良くない噂を耳にしたよ。変な絵に夢中なんだって？　……ああ、これかぁ。なんて不気味なんだ！　これからってときに、こんなの店に置いておいちゃダメだよ」

「なぜですか。僕はこの絵が気に入っているんですよ」

「それがどんなにおかしなことか、わからない？　僕はオカルト的なことはあまり信じないけれど、これは悪い気を発散していると思う。実際みんな嫌がるだろう？　本能的に感じるんだよ、こいつは悪いものなんだと。志村くんは魅入られて、変になってるんだ」

「そんなことありません。僕のことは放っておいてください」

「せっかく作った店が潰れてもいいのかい？　お客さんが寄りつかなくなるよ」

忠告に耳を傾けることなく、志村さんは、彼を早々に追い返してしまった。

——先輩が車にはねられて重傷を負ったのは、この直後だった。


先輩が事故に遭うのと前後して、最初に彼に率直な意見を述べた恋人も、手首を切って自殺を図っていた。幸い未遂に終わったものの入院した旨が共通の知人からもたらされて、彼の知るところとなった。

病院を見舞って復縁を試みるのが筋だろうか……。そんなことも思いついたのだが、結局、彼はタトゥースタジオに閉じこもったまま、ぼんやりと過ごした。

彼女が会いに来なくなってから別の女性と付き合いはじめていたせいもあったが、そもそも感情が冷たく麻痺したようで、気持ちが動かなかったのだ。

ただ、元彼女が自殺未遂をしたと知らされたこのときから、なぜか頭の奥に「自殺」の二文字がこびりついて剥がれなくなった。

――もしも自殺するとして、そのときはこの幽霊画の前で死にたい。

こんなことを考えるようになった矢先、オカルト好きな友人がタトゥースタジオを訪れて、掛け軸の写真を撮らせてくれと言った。

承諾すると、嬉々として持参したデジタルカメラで撮影した。

友人はその場ですぐに、撮れたものを液晶画面で確認しはじめたのだが。

「うわっ！　絵の前に人魂が写っている！」

見れば、掛け軸の手前、幽霊画の老女の胸のあたりにに青白い光の玉が浮かんでいた。

「ハレーションじゃないか？　フラッシュを焚かずに撮ってみたら？」

絵にケチをつけられることは避けたかった。人魂なんてあるわけがない。肉眼では別段、変わったものが見えるわけではないのだし……。

しかし撮り方をいくら変えても、何度でも、青白い人魂のようなものが写り込んだ。

友人はだんだんと怯えたようすになり、逃げるように帰ってしまった。

志村さんは再び、掛け軸に描かれた老婆と二人きりになった。

――死ぬなら今かな？

彼は首を吊る場所を探しはじめた。

と、そこへ、最近、交際するようになった女性が訪れた。

彼女が来るのがあと少し遅かったら、自殺を遂げていただろうと思うタイミングだった。志村さんは死ぬのを思いとどまり、彼女と二人でタトゥースタジオを出た。すでに深夜だった。タトゥースタジオがあるビルの駐車場に彼は自分の車を置いていた。彼女を助手席に乗せて、車を運転して自宅に帰ろうと思った。

しかし、途中で急に眩暈《めまい》を覚えたかと思ったら意識を失い、気がついたときには電柱に衝突した車内で頭から血を流していた。幸い軽傷で、助手席にいた女性もかすり傷程度の怪我で済んだが、これ以降、彼女は志村さんを避けるようになった。

彼も治療と検査のために三日ほど入院した。そのことをSNSに投稿したが、見舞いに来たり労わる言葉を送って寄越したりする者は一人もいなかった。

彼は久しぶりに孤独を実感した。怪我のせいでタトゥースタジオから離れ、幽霊画に寄り添われている感覚が遠のくに従い、かつて親しく交流していた人々の顔が次々に脳裏に蘇り、寂しくてたまらなくなってきた。

事故から二週間ほど経ち、怪我がほぼ癒えた頃、彼は顔見知りのマスターがいるバーに行った。

そしてマスターにこれまでの出来事を打ち明けたところ。

「その絵がいけない！　だって、それを買うまでは何もかも順調だったのに、買った途端に悪いことばかり起きているじゃありませんか？　おふくろは、どう思う？」

マスターはかたわらで皿洗いをしている年輩の女性に話を振った。

「どうせ聞き耳を立てていたんだろう？　あのね志村さん、うちのおふくろは霊能力者なんですよ」

マスターの母親は、苦笑しながら志村さんを振り向いた。

「イヤねぇ大袈裟な。ちょっとそっちの方の勘が良いだけなのに。……でも、その絵は手放した方がいいと私も思います。悪いことが重なりすぎていやしませんか。そのうち死人が出そうで怖いじゃありませんか。お寺でお焚き上げしてもらったら如何ですか」

——彼女は志村さんが帰った直後に、バーがある雑居ビルの階段から転げ落ちて重傷を負い、意識不明の重態に陥った。

マスターから母親が重傷を負ったことを聞かされて、彼はさすがに怖くなった。

「申し訳ありません。僕があんな話をしたから……」

「いいえ、きっと例の絵のせいです」とマスターは言いきった。

「志村さんが来たとき、カウンターの隅に座っていたお客さんが僕たちの話を聞いていたんだそうです。すると、その後、家で入浴したら、バスタブのお湯に歯が黒い女の顔が映ったんですって」

「歯が黒い女?」

「ええ。志村さん、よく思い出してみてください。僕は志村さんの絵を見ていません。話を聞いただけです。それから志村さんは、うちのバーで幽霊画の女の歯のことなんかひと言も話しませんでしたよね? でも、そのお客さんはバスタブに映った女の歯が黒かったと言ったんですよ。それは、鉄漿をした女の幽霊の絵なのではありませんか?」

「そのとおりです。変だな……」

「ほらね? やっぱりその絵には恐ろしい力があるんですよ」

マスターと話した志村さんは、あれを手もとに置くのはやめようと思った。

約二週間ぶりに自分のタトゥースタジオに行っても、客はおろか、問い合わせの電話やメールも来なかった。この不人気も、元はと言えばこいつのせいだ、と、掛け軸を見やると絵の中の幽霊に視線を絡めとられた。

彼は束の間、幽霊と見つめ合った。そのまま、ふらふらとそちらへ吸い寄せられたが、あと一歩で掛け軸に頭から突っ込む寸前で、はたと我に返って踏み止まった。

——危うくまた魅入られるところだった。やはり、ふつうの幽霊画ではない。

彼は、目をギュッと瞑って掛け軸を床に叩き落とした。

そして急いでくるくる巻いてリュックに入れるとそれを背負って店の外へ出た。

まだ日は高かった。車は事故で全損したので、徒歩で電車の駅を目指して商店街を歩いていると、突然、横合いから声を掛けられた。

「ちょっと、そこのお兄さん！　お待ちなさい」

振り返ったら、今しも店先を通りすぎようとした仏具屋から、年輩の女性が駆けだしてきた。

「なんですか？」

「私はそこの仏具屋の店主です。いきなり変なことを言うと思うでしょうが、あなたは危険な悪霊に取り憑かれていますよ。あなたの背中に鉄漿を付けた女がしがみついています。私には昔から霊感があって、そういうものが見えるんです。これをただで差し上げますから、何か変な感じがしたらここに書かれているお経を読んで自分の身を守りなさい」

そう言って、薄い冊子を差し出した。

受け取ってページを開くと、ふりがなを振った般若心経が綴られていた。

ふりがなを目でたどりながら電車に乗って、彼は長野県の実家へ向かった。

実家に幽霊画の掛け軸を預けることにしたのだ。

午後二時頃に到着すると、母が一人で留守番をしていた。

自損事故を起こして同乗していた女性に怪我を負わせてしまった旨を報告してから日が浅い。母は彼の顔を見るなり、眉を曇らせた。

「また何かあったの？」

「いや、今日は、こっちで預かってほしいものがあって……。とりあえず、二階に置いてくるよ」

家は一戸建てで、かつて自分と弟が使っていた子ども部屋が二階にあった。そこのクローゼットの上に巻いた掛け軸を置いて一階に戻ると、居間で母がお茶を淹れて待っていた。

「そこに座りなさい。あんた、変なものを持ってきたでしょう？」

なぜわかるのかと驚いた瞬間、頭の中に、二階のクローゼットの上から鉄漿をつけた白い着物姿の女が這い下りて、こちらへ向かってこようとするイメージが浮かんだ。

あっ、いけない、と、思うと同時に彼はリュックに飛びつき、さっき貰った冊子を取り出すと、大声で般若心経を音読しはじめた。

「ぶっせつまか・はんにゃはらみた・しんぎょう・かんじざいぼさつ・ぎょうじんはんにゃはらみったじ・しょうけんごうんかいくう……」

途端にどこからともなく突風が吹いてきて、母の髪を掻き乱し、家じゅうで激しく逆巻いた。ガタガタと戸や家具が揺れ、カーテンが舞い上がる。

母が悲鳴を上げてうずくまった。しかし彼は必死でお経を唱えつづけた。

般若心経の意味もわからず、ふりがなを読んでいただけだが、経文の中盤から次第に風が弱まり、最後まで詠《よ》みきると完全に鎮まった。

しかし、まだ心配だったので、翌日、近所の寺へ掛け軸を持っていって、住職に相談した。すると住職はこの掛け軸に憑いた霊を供養すると言って読経してくれた。

さらにその後、神社へも足を運んだ。高校のときの同級生が宮司の息子で、たまに連絡を取り合っていたのだ。数年ぶりに訪ねてみたら、同級生は宮司である父親の跡を継ぐつもりで神職についていた。事情を説明すると「御札で封印して人目に触れない場所に保管しておく」と彼に約束してくれた。

――ここまですれば安心だろう。

そう思って胸を撫でおろしたのだが。


一からやり直そうと決意して、明くる日、自分のタトゥースタジオに出勤したところ、自殺未遂した元恋人と顔見知りの男が、店の前で彼を待ち構えていた。

話しかけても二人とも無表情で睨みつけてくるだけで、何も応えない。

そこでとりあえず店の中へ招じ入れると、

「ババババブッブッコロロロロロスススススッ」

「キキキキキシネッシシシシシシネネネネネエーッ」

わけのわからないことを大声で喚きながら揃って襲い掛かってきた。

掴みかかってくる二人を振り払ってバックヤードへ逃げようとすると、背中に熱感が走った。刃物で切りつけられたのだと直感して振り向くと、元恋人が箍《たが》が外れたような満面の笑みでサバイバルナイフを振りかざしている。その腕を掴んでナイフを奪い取り……

それを男が彼の手からもぎ取ろうとするのに抗い……。

気がつけば、鼓膜が破れたのかと思うほどの静寂の中、彼の足もとに二人の男女が鮮血にまみれて倒れていた。返り血を浴びて立つ赤鬼のようなものが視界に入り、振り向くと鏡に映った己の姿だった。

彼は悲鳴をほとばしらせた。

志村さんは二人に重傷を負わせ、懲役七年の実刑判決を言い渡された。

凶器のナイフは志村さんの物で、あちらが先に襲ってきたという彼の証言は一顧だにされなかったのだ。

刑務所にいる間に、母が手紙で、同級生の神社から理由も告げずに掛け軸が実家に送り返されてきたことを知らせてきた。

彼は、すぐにそれを手放すように母に伝えた。そして、母がそれを捨てたものだと思い込んだ。これで大丈夫だろう、と。

ところが受刑期間の間に実家では父が難病を患い、弟が重い鬱症状に悩まされるようになった。掛け軸はもう無いはずなのに不幸が去らない。訝《いぶか》しく思っていたところ、出所して何年も経って、母が「最近、あの掛け軸を知り合いに譲った」と電話で報告してくるではないか……。

「まだ持っていたのか！」

思わず彼が叫ぶと、母は「捨てるのも、もったいないような気がして」と言い訳を口にし、掛け軸を譲った知人はすぐに〇〇〇オークションに出品したようだと言った。

「もう大丈夫よ」と、なだめる母に彼は返す言葉を持たなかった。

次に祟られるのは、彼自身でも彼の家族でもない赤の他人だ。

うしろめたさを感じながら、そのことに彼自身も心の隅で安堵していたのだ。


だから、あの幽霊画は今もどこかで取り引きされているかもしれない。

皆さま、くれぐれもご用心を。

僕のドッペルゲンガー

『実用日本語表現辞典』によれば、ドッペルゲンガーとはDoppel（二重）とGänger（歩行者）という二つの単語を合わせた言葉で、一九世紀にドイツ文学などで使われはじめ、後に英語圏へ、さらには広く世界へ広まったという。

誰かと瓜二つの顔を持つ者や、自分自身の幻影のように現れる者を意味し、もっぱら超自然現象を語る中で用いられる。民間伝承などではドッペルゲンガーに会うことは不吉であるとされ、死を暗示するとも言われているが、それは信ずるに足るとは思えない。

達紀《たつき》さんの場合は、高二のときにそれが始まった。

その年の六月に同級生の女子と交際しはじめたところ、一〇月にバイト先の定食屋の主人から「このまえ彼女を自転車に乗せてデートに行ったでしょう」と、からかわれた。

付き合いだした頃に一度乗せたきりそんなことはしていない、人違いだと言っても、「あれは絶対に達紀くんだった」と言って譲らないので困惑した。

さらに翌日、同じクラスの友だちにも「おまえ自転車に彼女を乗せてどこ行ったの？」と訊ねられたので「バイト先でも同じことを言われたけど、最近は乗せてないよ」と答えた。

しかし友人も、定食屋の主人と同じように頑固だった。

「でも、たしかにおまえのガンメタの自転車だったし、おまえや彼女のことを、この俺が見間違えるわけがないじゃんか。こないだの土曜日だよ」

「土曜日は塾とバイトで午前中から夜の九時まで埋まってるよ。彼女に訊いてみなよ」

意地になって目の前で彼女に証言させると、さすがに友人は引き下がったが、

「じゃあ、あれ、おまえと彼女のドッペルゲンガーだ。ヤバいもん見ちゃった」

と、少し怖がっている感じだった。

その後ドッペルゲンガーについて意味を調べて、達紀さんも嫌な気分になった。

もうこんな奇妙な現象が起きませんようにと祈っていたが、翌年の夏休みに家の近所を歩いていると、コンビニの前で中学の同級生とばったり出会った。

達紀さんは「よう。久しぶり。元気にしてた？」と話しかけた。

ところが、そいつはみるみる顔を引き攣《つ》らせてコンビニの方を振り返ったかと思うと、再び彼の方を向いて、「えっ、えっ、えっ」と変な声を出した。

「何が、えっえっなんだよ？　どしたん？」と達紀さんは笑いながら訊ねた。

同級生はゴクリと生唾を呑み込んで、彼の顔を穴が開くほどじっと見つめた。

「達紀くん、たった今そこのコンビニに連れとしゃべりながら入ってってたじゃん」

「連れなんかいないよ。入ってないし。見間違いだろ。どれ、一緒に入ってみようよ？」

コンビニには、もちろん達紀さんの姿は無い。

「おっかしいなぁ。見間違いか？　でもそっくりだったよ」と同級生はしきりに首を傾げた。

次は二〇歳、成人式の頃に似たようなことが起きたのだが、今度は目撃者が多かったので、ちょっとした騒ぎになった。

彼は一八歳から中国に留学し、あちらで大学院まで進んだ。二五歳で国内企業に転職するまで年に一、二度しか日本に帰国しなかった。

中国には春節を祝う習慣がある。太陰暦の正月であり、新暦の一月下旬から二月中旬の頃のどこか一週間ほどは休暇を取る者が多く、その時季は大学も休みになる。

二〇歳のとき、彼は春節に合わせて帰省した。

地元の成人式に参加できなかったことを残念に思っていたので、中学の同級生たちに「近々会わないか」と連絡した。

仲が良かった四人に声を掛けて、みんな集まってくれることになった。

顔を合わせると、「タイムカプセルのとき上の空だったね」と言われた。

なんのことだかわからず意味を訊ねたら、四人とも驚いている。

「成人式の後で、みんなで中学校に行って校庭に埋めたタイムカプセルを掘りだしたときのことだよ。達紀くん、何を話しかけてもウンともスンとも言わないでボーッとしてたから心配したよ」

「成人式のときもぼんやり突っ立ってるだけで、会話に加わらなかったよね」

「そのときは何人ぐらい僕に会ったの？」と恐るおそる質問すると、二〇〇人ぐらいという答えが返ってきて頭がくらくらした。

成人の頃はずっと中国にいたと言ったら全員が悲鳴をあげ、蜂の巣をつついたような騒ぎになった。

それから約八年間は何事もなく過ぎた。

二八歳のとき、夜の七時頃、仕事から帰ってきたときのことだ。

その頃、独り暮らししていた四階建てのマンションにはエレベーターがなかった。

建物の前に立ったとき、いつも上り下りしている外階段に誰かいた。男だ。一段一段踏みしめるように、ゆっくり上っている。

達紀さんが背負っているのと同じ灰色のリュックサックを背負い、今着ているのと同じ黒っぽいスーツを着た、一八〇センチに少し欠けるぐらいの身長の、痩せた若い男だった。体つきも瓜二つ。このマンションの住人は老人ぞろいで、若い者は彼だけだ。踊り場で方向を変えるとき、横顔がはっきり見えた。

——僕のドッペルゲンガーだ。

ついに見てしまった、何か不幸なことに見舞われるのではないかと思い、彼は怯えた。

それから数ヶ月後、自動車を運転していたときに、突然、前方の路地から車が飛び出してきた。衝突を避けるためにやむを得ず急ハンドルを切って電信柱に衝突。幸い怪我はなかったが、達紀さんの車は大破した。

事故の相手も無傷で、心の底から憎らしいことには、あちらは車も無事だった。

また偶然にも、そいつと達紀さんには共通の知り合いがいることがわかった。

事故から半年後、件の知り合いから「あいつ病死しちゃったよ」と知らされた。

「ですからね、川奈さん。このドッペルゲンガーは僕の守護神だと思うんです」

異形のふるさと

岩手県には数多くの民話や伝説が言い伝えられている。

有名なのは遠野市の《おしらさま》で、私の父も研究対象にしていたことがある。

中二のときに実地踏査に遠野へ連れていってもらってイタコの「おしらあそばせ」という儀式を父と見た。

また、そのとき遠縁の家を盛岡市に訪ね、伝統的な厩《うまや》付きの《曲がり家》を見学させてもらったので、岩手県には個人的な想い出と結びついた特別の思い入れがある。

このたび、岩手県山田町の漁師町で生まれ育った辰志《たつし》さんからお話を伺った。

地元の方がお気を悪くするといけないが、実は山田町と聞いて私が咄嗟に連想したのは東日本大震災だった。

山田町は太平洋に面した三陸地方の沿岸部。以前『一〇八怪談　鬼姫』という本の中で隣の宮古市在住の方の体験談を書いたことがある（※）そのとき同地方での津波被害についてかなり詳しく調べたのだ。

山田町の死者・行方不明者は八二五名で、家屋の約三八パーセントが全壊した。

この悲劇を乗り越えるために震災の翌年から発刊された『震災後の「今」を伝える情報誌　やまだ』の第一巻にも目を通した。職業病だろうか、私はそこで紹介されていた地元の創作民話にもっとも心惹かれたものである。それは、ひと昔前に山田町商工会が発行した絵本『ホタテ河童の物語』に書かれた、ひとりぼっちの河童が山田湾の人々を怪物から命を賭して守るという感動的なストーリーだったのだが……。

山田町の辰志さんのお話を聞いて今回思うに、この話のモデルとなった伝承が、どうやら実際にあるようなのだ。

絵本の河童は関口川で生まれ育ち、山田湾や沖合いのオランダ島で暮らしていた。

辰志さんが中学生の頃、同級生の親戚が子どもを産んだ。

しかし赤ん坊の頭に皿があったので、関口川の河口から海へ流した。赤ん坊は山田湾の海底に沈んでいるのではないか……というのである。

「彼女は深刻な顔で、僕に話してくれました」と辰志さんは言う。

河童ではないが、不思議な生き物の目撃談は他にもある。

——山田湾で漁師をしていた友だちから聞いた話。

小学校のとき、近所の漁師が手漕ぎ舟でウニを獲りに行ったところ、波がひたひたと打ち寄せる岩の上に、異形の獣が腰かけていた。

顔が犬、体が人間。毛が生えていなくて、全身がヌメッとしている。

そんなものが、ロダンの彫刻「考える人」のポーズで座っていたのだ。

寒気が足もとから這いのぼってきて、背筋を凍らせた。

彼は震える手で櫓を漕いで舳先を回し、急いで浜へ戻った。

そして家に帰ると、家族や漁師仲間にこのことを話したが、あれを見た瞬間から感じていた悪寒がいっこうにやまない。

手を尽くして温まろうとしたが、時間が経つほど体の芯から凍えてきて、その晩のうちに亡くなってしまった。

※『一〇八怪談　鬼姫』所収、第八九話～第九二話の連作掌編「くちなわ」

入院中

写真家の本助《もとすけ》さんは五年前に心臓手術を受けた。生まれつきの中隔欠損症に加えて心臓弁膜と心動脈などに細菌が感染し、一時は生死の境をさまよった。

人工心肺を用いた手術中から術後二日目まで昏睡状態だったという。

昏睡中に彼は奇妙な夢の世界を体験した。

まず、手術直後に母と妹が枕もとに現れて「まだ寝てる」と言って立ち去った。

次に気がついたら、福島県いわき市の母方の祖父母の家にいた。

黄昏どき、西日が差し込む居間のソファに座っていて、とうに亡くなったはずの祖父母と向かい合っていた。祖母に「だいじゃぶだから」と懐かしい訛りで慰められた。

途端にまた場面が移った。

今度は三〇歳に戻って、一つ年下の新婚の妻と当時住んでいたアパートにいた。

時刻はなぜか再び夕方で、低くなった陽射しが、まだ家具の少ない質素な部屋の中を金色に照らしていた。そこへ一〇歳ぐらいの女の子が入ってきた。

少女は彼にトコトコ歩みより、「気にしなくていいよ」と言った。
そのとき急に、妻が自分と付き合う前の一九歳の頃に妊娠中絶手術を受けたと言ってい
たのを思い出した。産んでいたらちょうど一〇歳……。
そんなこと僕は気にしていない、と思ったら高校生に戻っていて、実家の子ども部屋で
同じ学校の後輩の女子と向き合っていた。この子は卒業を待たずに病気で亡くなった。
部屋の時計は午後一時を指しており、彼女は「先輩は大丈夫」と励ましてくれた。
その直後、全身に強い衝撃を受けると共に覚醒した。
喉に人工呼吸器が挿管されており、この世に戻ってきたことを悟った。
やがて回復してきて四人部屋に移り、退院までの約二ヶ月間をそこで過ごした。
入院中のある日、消灯後にナースステーションのエラー音が聞こえてきた。すぐに看護
師たちが駆け込んできて、隣のベッドの患者を運び去った。
三日後、患者の家族と思われる人たちが来て、空になったベッドの周りを片づけると、
立ち会っていた看護師に「お世話になりました」と挨拶していた。
本助さんは呆気に取られた。……では、亡くなっていたのか、と。
彼は、その患者は運ばれていった晩の翌朝には戻ってきたと信じ込んでいたのだ。

しわぶきやイビキ、トイレに立つときのスリッパの足音が、あいかわらず聞こえていたので、死んでいるとは思わなかった。

遺族が挨拶に来た日の深夜も、スリッパのかかとを引きずりながら歩く足音を聞いた。

隣のベッドのカーテンがシャッと開いて、ベッドがかすかに軋む。

ズリッ、パタリ、ズリッ、パタリ……。

重い足取りでスリッパを履いて遠ざかったきり、帰ってこなかった。

生前は、五分ぐらいすると戻ってきた。

足音が帰らないということは、成仏したのだと考えた。


ところが翌日からも丑三つ時になるとカーテンがシャッといい、スリッパの音がズリッパタリと聞こえてきた。

行ったきり戻らない。だが今回は悪い予感がした。

明くる日の深夜、その予感は的中した。またしてもシャッ、ズリッ、パタリと始まったのである。

こんなことが四、五日も続いたので、とうとう我慢できなくなった。

「どうも隣のベッドに誰かいるようだ」と彼は看護師に訴えた。

「ああ、アレですか」と、こともなげに看護師が応えた。

何か心当たりがあるようだと思っていたら、黙って隣の病室に移してくれた。

――やれやれ、これで安眠できる。

彼は安心した。

しかしその夜、廊下の方から引きずるような足音が聞こえてきた。遠くへ去っていったきり帰ってこなかったが、その翌日の丑三つ時には、また同じように……。

尚、本助さんは全快して、若い頃より体調が良くなったとのこと。

今はご自宅で毎晩、熟睡されている。

神谷町駅が消えた

東京メトロ日比谷線といえば昨今は虎ノ門ヒルズ駅の開業が記憶に新しいが、会社員の塔也さんがこの体験をしたのは二〇〇八年だから、まだ同駅の所以となった虎ノ門ヒルズも着工されていなかった。

営団地下鉄民営化から四年、地下鉄サリン事件から一三年目のそのとき、彼は三四歳で、田園調布の実家から港区虎ノ門まで通勤していた。

職場の最寄り駅は神谷町駅だった。中目黒駅で北千住行きの日比谷線に乗り換えて五つ目の駅だ。通勤時間帯の乗降者数では手前の六本木駅や次の霞ヶ関駅に勝り、朝の車内にはスーツ姿のビジネスマンが多い。

塔也《とうや》さんもその一人だった。

座席に腰かけて携帯電話で今朝のニュースを見ながら車内アナウンスを聞き、停車するたびに顔を上げてホームの駅名を確かめていた。恵比寿。広尾。六本木。

「まもなく六本木です。足元にご注意ください。Arriving at Roppongi……」

日比谷線の区間距離は比較的短い。次が彼の降車駅だ。数分で到着した。

「次は霞ヶ関です。丸ノ内線と千代田線はお乗り換えです。The next stop is……」

彼は慌てて下車してホームで駅の名前を確認した。

間違いなく霞ヶ関駅だった。神谷町駅を通り越していた。

――やってしまった。乗り過ごさないように注意していたのになぁ。

いつも少し早めに家を出る習慣だったから、まだ間に合う。

急いで中目黒駅行きのホームに渡り、来た電車に乗ると、今度は窓の外から目を離さないように気をつけた。間もなく次の停車駅に迫った。

「次は六本木です。都営大江戸線はお乗り換えです。The next stop is Roppongi……」

――あれっ？　神谷町駅が消えた？

こんなことで遅刻するのは理不尽すぎる。彼は焦って腕時計を見た。

――ギリギリ間に合う。ようし、次も神谷町駅が無かったら有休を取るぞ。

階段を駆け上り駆け下り、反対側の電車に飛び乗った。

「まもなく神谷町です。出口は左側です。Arriving at Kamiyacho……」

後で同僚に打ち明けてみたが、まったく信じてもらえなかったという。

牛蒡《ごぼう》の呪い

一一八〇年に挙兵した源頼朝は、たった四ヶ月で関東平野に勢力を伸ばした。そして五年後、壇ノ浦の戦いで平家は滅亡する――これがいわゆる源平合戦こと《治承《ちしょう》・寿永《じゅえい》の乱》であるが、茨城県結城《ゆうき》市の某家のご先祖は、平氏側の武士だったという。

近世以降、ここの本家は田畑を耕してきた。現代においても農家として、さまざまな作物を育てている。

しかしながらゴボウだけは禁物で、この家の者がゴボウを育てれば必ずや祟られると信じられてきた。

馬鹿々々しいようだが、このジンクスには根拠があった。

戦に敗れたご先祖が、ゴボウを掘り出した後の穴に足を取られて逃げそこね、討ち取られてしまったというのである。

嗚呼、こんな穴さえなかったら。ゴボウが恨めしい。ゴボウを育てた奴は祟られろ！

――というわけで、辛くも落ちのびた子孫たちは、決してゴボウを作らなかった。

これは家訓として受け継がれてきたのだが、一〇年あまり前に本家の跡取りが言った。

「もう時効なんじゃない？」

年寄りたちは「昔、禁忌を冒したときには落ち武者の霊が出たそうだ」と説得を試みた。

跡取りは一笑に付し、先祖伝来の畑にゴボウを植えた。

やがてゴボウは見事に育った。


さて、この家の長女、美苗《みなえ》さんはゴボウが好物だった。実家にいる頃は食べさせてもらえなかったのだが、結婚してから食べてみたら気に入ったのだ。

夫を含め婚家の人たちもゴボウが大好きだったので、兄のゴボウ栽培が順調なことを知ると、彼女は実家におすそわけをせがんだ。

兄は上機嫌で「さっき収穫したところだ。好きなだけ持っていきな」と彼女に応えた。

そこで明くる朝、さっそくゴボウを貰いに行った。

幸いにして婚家から実家までは非常に近かった。歩いて行けるほどだが、ゴボウを持ち帰ることを考えて車を運転していったところ、実家の畑のそばを通りかかると無数の穴が地面にあいているのが目に入った。ゴボウを掘った跡に違いなかった。

ところが実家に着くと兄は酔いつぶれて寝ており、両親と義姉《あね》の態度がおかしかった。

みんな彼女と目を合わせないし、全員やけに顔つきが暗い。

「どうしたの？　私ゴボウを貰いに来たのよ」と彼女は母におずおずと話しかけた。

すると「一本も無いよ」という答えが返ってきた。

「ウソばっかり。畑に掘った跡があったよ」

「……一本残らず捨てたから。わざわざ来てもらったのに悪かったね」

「捨てた？　ゴボウを？　どうして？」

「……言いたくない」

父と義姉も、なぜゴボウを捨ててしまったのか答えてくれなかった。

美苗さんはがっかりしてしまったが、せっかく来たのだから親孝行をしようと思い、正午頃まで両親の畑仕事を手伝った。

やがて作業が一段落つき、義姉がこしらえた昼食をご馳走になると、ほどよい疲労と満腹感のせいで眠たくなってしまった。

日が翳《かげ》る前に帰るつもりだったが、居眠り運転をしてもいけない。少し昼寝をさせてもらうことにして、結婚前まで使っていた二階の部屋に蒲団を敷いて横たわった。

気持ちよく眠れそうな気がしたのだが……目を閉じた瞬間に金縛りにあった。

指先すらピクリとも動かせず、瞼も開かない。声も出せずにいるところへ、ガシャッガシャッと音を立てつつ何かが階段を上がってきた。

そして勢いよく襖を開けると、彼女が寝ている蒲団の周りを廻りはじめた。

一周、二周、三周……六周ぐらい廻って歩いて立ち止まった。

それまで体を震わすことさえできずに心の中で悲鳴をあげていたので、ようやく終わると思ってホッをしたのも束の間、いきなり胸を踏みつけられた。

肺が圧迫されて呼吸が出来ず、目玉が飛び出しそうな気がした。

——このままだと死んじゃう。

渾身の力で瞼を開けると、兜《かぶと》を被った鎧《よろい》武者と目が合った。

彼女を踏んでいる泥だらけの足と憤怒の形相。手には刀が。

もう駄目だと思った刹那に鎧武者は消え、金縛りが解けた。

開けられたはずの襖も閉まっている。ついでに眠気も去っていた。

ゴボウはさておき、美苗さんの生家は本当に平氏の末裔だった可能性が高い。

公達《きんだち》という言葉がある。本来は皇族や貴族など身分の高い人々の呼称だが、平安時代末期に平家の子弟や子女を公達と呼んだ時期があるという。

そして美苗さんが生まれ育った茨城県結城市には、平家に由来すると思われる公達という町名が実際に存在するそうだ。

タタラの秘薬

現在三六歳の光彦《みつひこ》さんは、母方の先祖が会得していた秘術と秘薬にまつわる逸話を物心ついたときから聞かされてきた。

なんでも、彼が生まれる前に亡くなった母方の高祖母は、兵庫県・淡路島の出身で、土地に古くから伝わる神を祀り、代々親から子へと教えられてきた秘術と、秘薬の製法を知っていたというのである。

それは火傷《やけど》などに効く秘術と秘薬であった。

彼の母は幼い頃に、囲炉裏《いろり》に落ちて煮えたぎった薬缶《やかん》の湯を浴び、大火傷を負った。命の危険があるほどの重傷であったが、母の「ひいばあちゃん」が火傷に黄色い軟膏《なんこう》を塗り、茶筒ぐらいの大きさの厨子《ずし》から小さな金色の神像を出して呪文を唱えていたところ、一ヶ月ぐらいで治り、ほとんど痕も残らなかった。

呪文は大陸由来の外国語のようで、神像は座像だった。像は片手に握り込めるほど小ぶりな割にずっしりと重く、厨子には金襴緞子《きんらんどんす》の内張がしてあった。

家ではその神像を「火傷の神さま」と呼んでいた。

従って、呪文はこの神に捧げる祈りなのだった。

火傷の神に祈っている間は、餅米と鮭と大根と蜜柑を食べることが禁じられ、家人全員が守らなければならなかった。

軟膏については、昔から一子相伝で言い伝えられてきたそうで、作り方や原材料を文書に書き起こしたものを高祖母は持っていなかった。

光彦さんが祖父母に聞いた話では、曾祖母は眼病を治すことも出来た。手の親指と人差し指の間の、いわゆる水掻きに薬草を擂《す》り潰したものを塗って、呪文を唱えると、そこが水ぶくれのように膨らんでくる。それを潰すと、たとえば緑内障なら進行が止まり、その他の目の病気も完治あるいは快復したという。

高祖母は、火傷や眼病で苦しむ人が頼ってくれれば、お金を取らずに治療してあげていた。お蔭でひっきりなしに御礼が届き、中には高価な品物もあった。また、どんなに頼まれても呪文や薬の作り方は教えなかった。

――御礼で家計が潤い、まじないを独り占めしていたことが、嫉妬と憎しみを呼んだ。

いつ頃からか、高祖母は同じ集落の人々から意地の悪い扱いを受けるようになり、そのため先祖伝来の秘術などを誰にも教えないことに決めてしまったとのこと。

「おまえたちにはあないな思いはさせとうない言うてなぁ」と祖母が光彦さんに話したことがあった。

そのとき彼は二十代で、一人で祖父母の家に来ていた。

件の高祖母は無論のこと生まれる前に亡くなり、曾祖父母も彼が幼い頃に鬼籍に入った。祖父母もだいぶ年老いたので、会えるうちになるべく会っておこうと思っていた時期だった。訪問のたびに想い出話に耳を傾け、掃除や炊事を手伝っていたものだ。

だが、その日は夕飯の支度をしていてうっかり火傷をしてしまった。

すると祖母が仏壇の抽斗から蓋のついた容器を取りだして、底の方に小さじ一杯分ほど残っていた黄色い軟膏を傷に塗ってくれた。

「もう最後やねぇ。これの作り方と呪文がわからんのが残念やなぁ。あの呪文があらへんと効き目がいまいちなんやけど……」

祖母は仏壇の奥にあった厨子から神像を出すと、手を合わせた。

光彦さんも一緒に拝み、その甲斐があったのか火傷は数日で治ったが、高祖母が遺してくれた軟膏はこのとき使い切ってしまったという。

――淡路島にはタタラ伝説が存在する。

島の西側海岸線から近い丘陵地帯から、古代の鍛冶工房跡《五斗長垣内遺跡《ごっさかいといせき》》が発見されたのは二〇〇一年のことだった。

タタラは「鑪」「踏鞴」「多々良」の読みで、古くは製鉄に用いるフイゴを、後には製鉄法と鉄工に付随する炉なども指すようになった。『古事記』や『日本書紀』にも記述がある。

そして淡路島には『古事記』に書かれた国生み神話がある。おのころ島で夫婦になった伊弉諾尊《いざなぎのみこと》・伊弉冉尊《いざなみのみこと》が最初に生んだ島が淡路島だというのである。

紀元前から一世紀にかけて、淡路島の山間部には製鉄技術を持つ集落が出現した。《五斗長垣内遺跡》からは朝鮮半島の鉄斧なども出土し、海からやってきた人々が先進的な文化と製鉄技術をもたらした形跡が見られるという。

――光男さんの高祖母の秘薬と火傷の神は、タタラの伝承だったのではあるまいか。

あいつの最期

読者の皆さんは、二〇〇一年から二〇〇二年にかけて世間を騒がせた《連続ＡＴＭ（現金自動預け払い機）荒らし事件》を憶えていらっしゃるだろうか？

東京、神奈川など一都五県で連続して発生し、全五七件、被害総額約八億一〇〇〇万円という犯罪規模と、銀行や信用金庫のＡＴＭブースを中の現金ごとパワーショベルでトラックに載せてかっさらっていくという大胆不敵な手口がマスコミの注目を集めたものだ。五七件の中には模倣犯による事件も多少混ざっていたそうだが、大半の犯行は神奈川県の暴走族と暴力団関係者からなる一八名の窃盗団が行ったとされている。

このメンバーの中に、重機の操作やトラックの運転に慣れた元土木作業員がいた。彼がいなければ成し得なかった犯罪で、結局そこから足がついたと言われている。

この元土木作業員は、事件捜査中に行方がわからなくなり、窃盗容疑で全国指名手配されたが、逃走中に拳銃自殺を遂げたため、被疑者死亡で送検された。

彼は窃盗団のリーダーではなかった。首謀者は三〇代の暴力団組員で、自殺に用いた拳銃の出どころも暴力団であろうと推理された。

——今回、体験談を寄せてくださったのは、自殺した元土木作業員に繋がる人物だ。現在は四〇歳になるというその人の風貌や肩書からは、荒っぽい連中に結びつきそうな雰囲気は微塵も感じられなかった。

昔の交友関係についてバレないように気をつけてほしいと私に釘を刺した上で、彼はこんなふうに話しはじめた。

「私の友だちのKという男は暴走族の幹部でしたがハタチの頃に足を洗って、昼の仕事に就きました。更生して一〇年経った、三〇歳に手が届くという頃のことです……」

それは二〇〇六年の冬のことだった。

Kは当時、不良だった昔が嘘のように立派な社会人として生活していた。

いつものように仕事を終えて、自家用車を運転して自宅に帰る途中、携帯の着信音が鳴った。手に取って液晶画面を確かめると非通知の電話だったので、怪訝《けげん》に思った。

すでに夜が深く、非通知で電話を掛けてくる者など思い当たらなかった。

いつもなら無視してしまうところだが、着信音がいつまでも鳴りやまず、また、なぜか胸騒ぎを覚えた。

そこで、路肩に車を停めて電話に出た。

「はい。どちらさまでしょうか?」

返事の代わりに荒い息遣いが聞こえた。全力で走ってきたばかりのようでもあるし、ひどく興奮しているかのようでもある。

「悪戯なら切りますよ」とKさんは言ったが、そのとき、ひょっとすると電話の向こうの誰かは喋ることもできないほど苦しんでいるのではないかと思いついた。

「大丈夫ですか?　もしもし!　あなた誰なんですか?」

そんなふうに繰り返し呼びかけたところ、若い男の声が弱々しく応えた。

「助けて」

——ああ、やはり救助を求めて電話を掛けてきたのだ。

昔は、こんなことがたまにあった。でも、あの頃の仲間とは縁が切れている。この電話番号を知っているのだから最近の知り合いに違いなかった。

「あなたのお名前は?　どこにいるんです?　何があったんですか?」

Kさんは助けたい一心で、相手の状況を聞き出そうとした。

ところが電話の向こうの声は問いかけに答えず、「助けて」と繰り返すばかりだった。

焦りと苛立ちで、ついにKさんは声を荒げた。

「だから、きみは誰かって訊いてるんだよ！　言ってくれなきゃ助けられないだろ！」

するとと相手の調子が変わった。

「お願いします！　ごめんなさい！　イヤだ！　許して！」

命乞いをしているのだとピンと来た。

「ごめんなさい！　イヤだ！　助けて、助けて、助けて！」

「助けたいよ！　教えろよ！　どこにいる？」

「やめて！　助けて！」

問いかけに答えず、一方的に助けを請われるばかり。

仕方なくハラハラしながら聞いているうちに、昔の知り合いにこんな声の奴がいたような気がしてきた。

「もしかしてMなの？」

一〇代の頃、不良仲間だったMの声に似ていると思ったのだ。少年時代のMの顔が脳裏に蘇り、夢中で呼びかけた。しかし電話の向こうの男は、

「助けて助けて助けて助けて助けて助けて助けて助けて助け」

と、死に物狂いの大声で繰り返して……。

そして、唐突にパンッと乾いた破裂音が一回鳴ったかと思うと、通話が切られた。

Mのようだったが、あの音は……まさか拳銃ではあるまいな。

危険な世界から足を洗った身としては関わりたくない。しかしMであれ誰であれ、見殺しにするのは仁義にもとる。

独り、運転席で頭を掻きむしって迷いに迷った。だが結局、古い友人の中では唯一、電話帳に番号を控えていたTという男に電話を掛けた。

Tも、だいぶ以前に正道に戻っていた。ただ、彼とは違い、昔の知り合いと今でも繋がりを持っているようだった。かつてのTはMとも親しかった。

だから、Mが誰かに追い込まれるようなことをしでかしたとしたら、Tは事情を知っているかもしれないと彼は考えたのだ。

しかし、Tの口から出たのは意外な言葉だった。

「Mなら三年前に自殺したじゃないか。ATM荒らしで指名手配されて、警官に追い詰められてさ」

あまりのことにKさんが絶句するとTは続けて、「おまえだけじゃないよ」と言った。

「Mから電話が掛かってきた昔の仲間が、他にも何人もいる。非通知で助けを求めて最後はピストルの音がして電話が切れる。俺のところにも掛かってきたよ」

「でも自殺したんだろ？」

「ああ。二〇〇三年に死んだよ。だから俺は忘れることにした。おまえも忘れろ」

「待ってくれ。ATM荒らしにMが関わっていたのか？　そういう事件があったことは知っているが、あの頃は忙しくてろくにニュースを見ていなかったんだ。本当に？　おまけに自殺したのか？　じゃ、もしかして最後のあの音は……」

「Mは拳銃自殺したと聞いている。暴力団の組員と関わっていたようだ。悪いことは言わない。電話のこともMについても、昔のあれこれも、全部、忘れろ！」

後日、KさんはMが関与した事件についてインターネットで検索して調べてみた。

するとTから聞かされたとおりだとわかり、あらためて衝撃を覚えた。

Mは、三年前に拳銃で心臓を撃ち抜いて死に、新聞などで報道されていた。

しかしKさんは真相を疑った。電話であんな声を聞いてしまったからには、死にたくなかったはずだと思わないわけにはいかなかったのだ。

あの夜から、Mが助けを乞う哀れな声が夢に侵入してくるようになっていた。

その夢の中ではKさん自身が命乞いをしていた。そして手にはずっしりと重い拳銃があり、銃口を自分の胸に押し当てているのだった。


「引き金を引いた直後に悲鳴をあげながら目を覚ますのです。冷たい汗をかいていて、しばらく動悸が止まない……そんな悪夢を何度も見たので、Kは携帯電話を機種変更して番号も変えました。それからはもう、その夢は見なくなったそうです」

「Kさんは、あなたのご友人なんですよね？」

——私は、このインタビュイーがKさんその人のような気がしていた。

「はい、友だちです」

「Mさんと思われる人から電話があったのは、そのときだけですか？」

「はい。……そう聞いています」

「KさんやTさんと、Mさんのお墓参りに行ったり手を合わせたりしたことは？」

「ありません。あいつがどんな死に方をしたところで、もう誰にも助けられないし、自業自得なんですよ。……Kもそう思っているはずです」

そのとき私は、この人は過去を断ち切る最後の仕上げをしたかったのだと悟った。


非通知の電話がKさんにかかってきた日は二月二八日だったかもしれない。

二〇〇三年のその日がM容疑者の命日なのだ。

私が調べたところでは、Mは右翼系の政治結社を組織していた経緯があり、同政治結社の中では警察発表に疑義が唱えられていた。

しかし、Mが自殺したことは揺るぎない事実であった。

Mは職務質問に遭って車で逃走し、車中に七時間余り籠城した挙句、包囲する警察官たちの目の前で、自ら胸を撃って死んだのである。ほぼ即死だった。

引き金を引く間際まで、彼は「家族に会いたい」と訴えていたという。


今回、登場した人名は故人も含めて伏せた。

しかし年月日と事件の概要は、当時の新聞報道と警察発表に基づいている。

人形供養の神社にて

以前、松坂さんはある社会人サークルのメンバーだった。

そこはネット配信用のコンテンツを制作するクリエイターのコミュニティで、彼も一時は仕事のかたわら動画作品やラジオドラマの制作に励んでいた。

六年前のその晩、淡嶋《あわしま》神社へ行ったのも動画の素材を撮影するためだった。

夜の風景を撮るために休前日を選び、三重県内の自宅から午後二時すぎに車で出発して、夜の七時頃に和歌山県和歌山市の加太港《かだこう》付近に到着した。

淡嶋神社は加太港のそばにあり、一般に、人形供養の神社として知られている。

今では市松人形だろうが西洋人形だろうが人形に類するものなら分け隔てなく納められる同社だが、発祥は紀州徳川家が雛人形を奉納したことによる。

淡嶋神社の祭神は、少彦名命《すくなひこなのみこと》と神功皇后《じんぐうこうごう》。

この男女一対の神像が雛人形の始まりで、「スクナヒコナ祭り」が雛祭りの語源だとする説が古くからある。そのため紀州徳川家では姫君が誕生するたび、初節句の際に雛人形をここに奉納したとのこと。

これに由来する三月三日の《雛納祭《ひなおさめまつり》》では、全国各地から集まった数万体の人形たちが供養される。人形を一〇〇体ずつ舟に乗せて加太港から海に流す《雛流し》という儀式は、華やかで珍しいことからテレビや新聞で毎年のように紹介されている。

——さて、こんな淡嶋神社に、どうして松坂さんが桃の節句ではなく秋の夜に訪れたかといえば、ここが心霊スポットとしても有名だったからだ。

心霊といえば本邦ではお盆。夏に行けばいいではないかと思う向きもあろうが、三月から半年程度では人形がまださほど集まっていないかもしれないと彼は考えた。

境内狭しと人形が積まれたインパクトの強い画《え》が撮りたかったのである。

まったく罰当たりな所業だと私は思う。あんまり褒《ほ》められたことではないという自覚は彼にもあったが、ウケるコンテンツを作って再生回数を稼ぎたい気持ちが勝った。

一応、下調べは周到にした。神社の駐車場が最近有料になったことや、夜八時から朝七時まで境内の鉄扉が閉じて立入禁止になることは把握していた。

駐車場に車を停めて、懐中電灯で前方を照らしながら鳥居をくぐると……。

懐中電灯がいきなり消えた。

一気に全身鳥肌が立ち、慌てて懐中電灯のスイッチをオンオフしたが反応がない。

境内はぬばたまの闇である。

さすがに回れ右して帰りかけたそのとき、急に懐中電灯が点灯した。

その直後、どこからともなく祭囃子《まつりばやし》が聞こえてきた。

薄気味悪くてしかたがなかったが、加太港の近くで《紅葉鯛《もみじたい》祭り》のポスターを見かけたことを思い出した。

——祭囃子の練習をしているに違いない。

辺りは真っ暗でひと気もないが、何時間も掛けて来たのだから、と、震える心を説き伏せて境内を奥へ進んだ。

石段の上の本殿で、人形の大群が彼を待ち受けていた。

そのときから、どういうわけか祭囃子がいよいよ盛んになり、気のせいかもしれないがピーヒャラドンドコと音が近づいてきた。

これでは祭囃子のBGM入りの動画になってしまう。戸惑いながら、朱塗りの柵に囲まれた本殿の縁側に近づいた。

そこには市松人形や花嫁人形がぎっしりと並べられていた。人形の顔を一つ一つ舐めるように撮りだす……と、祭囃子が脅すように背後に迫ってきた……ような気がして、彼は踵《きびす》を返した。

石段を下りる一歩手前で、祭囃子が鳴りやんだ。

不思議ではあったが、祭囃子はふつうに録音されていた。

そのときの動画の編集を進めながら、次の休前日には、同じ社会人サークルのSと別のコンテンツを収録した。Sは他県に住んでいたが、音声だけであれば通信アプリを使って録画できる。パソコンの画面越しに対話しながら作業を進めた。

収録後、Sが彼に訊ねた。

「松坂さん、そばに女の人がいませんか?」

「おらんよ。うちには妹と母親がおるけど、二人とも、もう寝室に引っ込んどるし」

「本当ですか? さっきから女の笑い声がしていて、うるさいなと思っていたんですよ」

「誰もおらんって」

「……こないだ淡嶋神社に行ったんですよね? 連れてきちゃったんじゃないですか」

冗談めかした調子で言われたが、あらためて怖くなってきた。Sは日頃から霊感があると自称していて、どんなに誘っても心霊スポットには絶対に行かないのだ。

「Sさんに言われると冗談と思えへんやん、やめてや！」

「いえ、マジで笑い声がしていましたからね。動画をチェックした方がいいですよ」

しかし確認してみたところ、そんな声は入っていなかった。

翌朝、同居している妹にその話をした。

すると妹は急に頬をこわばらせて「何時頃やった？」と彼に訊ねた。

「トークを収録しとったのは夜の一〇時から一二時頃やったかな」

「じゃあ、それや」

「なんなん？」

「昨日は早寝したの。眠っとったら耳もとで女の笑い声がして目ぇ覚めたんやけど、体が動かんで、金縛りやと悟ったんやに。エイエイッと気合を入れとったら、しばらくして動けるようになって笑い声もやんだ。そのとき時計を見たら、ちょうど零時……」

松坂さんは、Sと妹が耳にしたという女の笑い声のエピソードが忘れられず、そのことから着想したホラーノベルゲームを作った。

タイトルは《笑い声》。淡嶋神社で撮った動画をゲームの背景画面に使用した。これを社会人サークルで発表すると、さっそく仲間がプレイしてくれたのだが、頭痛と吐き気がしてきてゲームを中断してしまった。

そして彼に、この急な体調不良は霊障に違いないと訴えた。

「神社で撮ったときに何か拾ったんですよ。そもそも祭囃子が聞こえてきた時点で変じゃありませんか」

ちなみに、そのときの動画を私も視聴してみた。

BGMのように祭囃子が入っていて、人形に近づくほど音が大きくなり、松坂さんが背を向けて帰りはじめた途端に鳴りやんだ。

タイミングが良すぎて、実に不気味だった。加太港のお祭りのために囃子連《はやしれん》が練習していた可能性がないとは言えないが……不心得者たちを少しこらしめようと神様が思われたのかもしれない。

幽明境を

独身の頃、岳彦《たけひこ》さんはドライブが趣味だった。その頃は九〇年代でマイカーを持っている若者は今よりずっと多かった。

彼が生まれたときから住んでいた秋田県の田舎では、同世代の運転免許取得率がほぼ一〇〇パーセントで、地元の仲間とつるむときには車でどこかへ行くのが常だった。

土曜日の午後三時頃、家でのんびりしていたら、Aから電話が掛かってきた。

「七時頃に車で迎えにいくから、うちに来ないか？」

これは一緒に呑もうという意味だと解釈して、喜んで待っていたらなかなか来ない。

夜八時になってやっと迎えに来たと思ったら、Bを伴ってきた。

「ごめんね。Bを拾ってから来たから、遅くなってしまった」

Bが助手席にいたので、岳彦さんは後部座席に乗り込んだ。

Aの家は、水田に囲まれた小島のようだった。中央の大きくて古そうなお屋敷は母屋であろう。他に離れや土蔵があり、典型的な旧家である。

田んぼを貫く一本道に入った途端、いきなり白い靄が車を包んだ。

岳彦さんとBは悲鳴を上げたが、Aは「何かあった?」と二人に訊いてキョトンとしている。

まもなくAの家に到着した。

「ちょっと片づけてくるから、ここで待っていて」

Aはそう言い置いて、車を母屋の前に横づけすると、小走りに玄関の方へ向かった。

その後ろ姿を見送ろうとして、岳彦さんとBは、玄関の庇《ひさし》の下に若い女が佇んでいることに気がついた。

紫色の着物を着て庇の支柱に半ば隠れ、やけに悲愴な顔つきで、岳彦さんたちの方を見ている。

「あの女の人、なんだか変だと思わない?」

岳彦さんはBに問いかけた。

しかしBは、「あれを見ろ!」と二階の角を指差した。ガラス窓を透かして、長い髪を振り乱しつつ頭を激しく上下に振っている人物の上半身が見えた。

「なんでヘッドバンキングしているんだろう……」

これだけではない。二人がAを待っている車を挟んで母屋の反対側に、二階建ての離れがあった。

その二階の物干し台から、映画や写真でしか見たことがない旧日本軍の兵士の格好をした人がこっちを睨みつけていた。

「この家、変わった人ばかりだね」

Bがそう言ったとき、玄関を開けAが出てきた。

紫の女の真横を歩いてくるのに、そちらへは一度も視線を向けなかった。

「もういいぞ。二人とも家に来てくれ」

岳彦さんとBは声を揃えて「イヤだ！」と応えた。

「もしかして、あの女の人のことがAには見えないの？　紫色の着物姿の」

「なんのこと？」

「じゃあ、あのヘッドバンキングと日本兵は？」

――どれもAには見えていないことが明らかになった。

「ちょっと気分を変えて居酒屋に行こう」と提案すると、代車を呼んでくれる店を知っているとAが言った。

「こっちが近道だから」と説明しつつハンドルを回して、家の裏へ回り込んだところ、前方の舗道から長い黒髪の女がニュルリと生えたかと思うと、四つん這いで近づいてきた。

「A、車バックして！」

「なんだよ？」

「真正面から変なのが這ってきた！　あれも見えないのか！」

ぶつくさ言いながらAは車をバックさせた。

居酒屋で、岳彦さんとBは、先ほど見た異様な者たちについてAに話した。

そうしたところ、「あれのせいかなぁ」とAが首を傾げた。

「実は俺の母ちゃん入院してるんだ。だから、うちにある謎の祠を世話する人がいなくなっちゃったんだ。母ちゃんは掃除とお供え物を欠かさなかった。サボると、あの世とこの世の境目が無くなるのかな……俺には何も見えなかったけど」


後日、岳彦さんとBで郷土資料館で調べたら、Aの家の周辺には、飢饉で亡くなった人々を慰霊する祠が江戸時代に三つ建てられていたことがわかった。

そのうち一つは寺の境内にお祀りされて今もあり、もう一つは更地になっていて、残る一つがAの家に昔からある祠だったという。

秋田藩は、宝暦・天明・天保時代の凶作と飢饉の記録を残し、犠牲者の慰霊に努めた。

ことに、一〇万人あまりも犠牲者を出した一八三三年（天保四年）の飢饉は《巳年のけかち（飢饉）》と呼ばれ、惨憺たる状況が語り伝えられている。

霊障の原因

岳彦さんは三〇歳で離婚した。

元妻は奔放な性格で、結婚後も浮気癖が治らなかった。別れたとき娘はまだヨチヨチ歩きだったが、思い切って彼が親権を取って育てることにした。

娘が五歳になった頃、友人にデジカメで撮ってもらった写真に大量のオーブが写った。デジカメの液晶画面を友人と覗き込んで、わいわい盛り上がっていたら、デジカメがフリーズした。そこで電源を入れ直してみたところ、その写真のデータだけが消えてしまっていた。

これが悪いことの予兆だったかのように、その夜、金縛りになり、動けない体の上を蛇が這いまわる感じを覚えた。

おぞましさのあまり失神したのか、次に気がついたときは夜が明けていて、頭痛と吐き気がひどかった。悪寒がして、体温を測ってみると三八度もあった。

それからというもの、ずっと体の具合が優れず、仕事を休みがちになってしまった。

病院に行っても診断がつかない。貰った薬もあまり効かなかった。

三月もすると医者に匙《さじ》を投げられた。急速に痩せ衰えて、心身の弱り方が尋常ではなく、とうとう会社を辞めざるを得なくなった。

すると母が心配して、娘を預かると同時に、彼を霊能者のところに連れていってくれた。警察の捜査に協力したこともあるという有名な霊能者で、彼を霊視するなりこう告げた。

「その具合の悪さは霊障です。あなたは霊感が強すぎて悪い霊を引き寄せてしまうので、力を封印します。その方が楽に生きられるでしょう」

ご祈禱を受けると、たちどころに気分が良くなり、あっという間に健康を取り戻した。

月日は流れ、娘が初潮を迎えた。何か感ずるところがあったのか、突然、岳彦さんが体調を崩したりお祓いを受けたりした時期を指して、こんなことを言った。

「あの頃、私もお姉さんたちに『おまえだけ大きくなってズルい』と責め立てられていた」

もしや……と閃いて元妻に連絡を取って、自分と交際する前に子どもを中絶したことがあるか訊ねてみたところ、彼と出逢う前に三回堕胎していたことが明らかになった。

天命の木

一九九八年の春から秋にかけて、秋田県の小さな村で病死する人が相次いだ。
戸数が三〇軒に満たない集落なのに、三月頃から毎月一、二度も葬式があった。
九月初旬の日曜日、犬の散歩に出掛けた岳彦さんは、青空に奇妙な物を発見した。
天高く澄み渡る空に、赤黒い枝のようなものが浮かんでいる。
やや太い幹から枝が生え、そこからさらに細長く枝分かれした先端は鋭く尖っていた。
その尖った枝先が湾曲しながら低く下がり、数軒の家を指し示していた。
彼はやがて気づいた。枝先に指された家では誰かが亡くなっていたのだ。
ただ一軒だけが例外で、一人の死者も出していなかった。
しかし翌日、その家の一〇歳の女の子が急病であっけなく命を落とした。
以来、気になってしょっちゅう空を見上げていたけれど、二度と枝は現れなかった。

羽田の双発機

羽田空港で工事に携わっている方から貴重なお話を伺った。

日本の玄関口、羽田空港は歴史的に拡張工事を繰り返してきた。現在は天空橋駅付近から国際線ターミナルにかけての旧羽田空港跡地の再開発工事を進めている。

跡地の面積は約五三ヘクタール。実に東京ドーム一一個分という広大な土地だが、ここは第二次大戦後、米軍に接収されていた。

昔、米軍が造った滑走路や建物がまだ残っているので、すべて取り壊して地盤を調査し、整地し直すところから始めなければならない。

ところが、ある二ヶ所でトラブルが多発した。

その二つのエリアに限り、最先端の平坦度測定器の数値がおかしくなったり、重機が頻繁に故障したりするのだ。

他の場所では順調なので、やがて舗装工事会社の施工担当者が「とりあえず掘ってみよう」と提案した。地中に原因があるのかもしれないというのである。

はたして、一ヶ所からは墓石がたくさん発掘された。

古い墓地が出土したと言った方がいいかもしれない。御影石をはじめ墓の竿石にする石は硬くて砕きづらい。米軍が扱いに困り、穴を掘って埋めてしまったのだろう。

そして、もう一ヶ所からは双発機が掘り出された。

墓石と双発機を退《ど》けるために、二ヶ月あまり工事がストップしたとのこと。

撤去した墓石と双発機の処遇は、現時点では不明のようだ。

日本を代表する怪談の語り部・稲川淳二さんの《銀星号》という話では、双発機の幽霊が羽田空港に現れる。

星降る夜に静かにプロペラを回すその飛行機は、かつて世界一周の偉業を成し遂げながら戦後は行方がわからなくなった名機である。

《銀星号》では、羽田空港で飛行機が発掘されたことがある旨も語られている。

実際に羽田空港では、一九三八年に長距離飛行の世界記録を打ち立てた東京帝国大学航空研究所の双発機（略して航研機）が、かつて発掘されたことがある。これが稲川淳二さんの怪談の元ネタかもしれない。

私に今回話してくれた工事関係者は〝稲川怪談〟を愛聴なさっていて、「私たちが見つけた双発機が《銀星号》の亡骸かもしれないですねぇ」と目を輝かせていらしたが、ひと昔前に見つかった航研機があるから、残念ながら違うだろう。

しかし思うに、羽田空港に現れる飛行機の幽霊は一機ではないのだ。

霊感症候群

今の都心部にはおおよそ相当する江戸の朱引内には、武家屋敷が多かった。現在では広大な跡地を活かした施設や公園などに様変わりしているが、昔日の面影を残している場合もある。

桂《けい》さんが一〇年前から妻と住んでいる港区のヴィンテージマンションもそれで、日本庭園と井戸が往時の名残を留めている。現代の都会の城と呼ぶにふさわしいシックで堅牢な美観を誇るこの建物での暮らしを、彼は気に入っていた。

残念なのは、夫婦で可愛がり、家族の一員でもあった愛犬が五年前に天寿を全うしてしまったことぐらいのものだった。

代わりのペットを飼う気が起きず、犬に留守番をさせるときのために取り付けた、超高性能の室内監視用のスマート・カメラも、今は虚しい。

防犯に役立つのは確かだが、こんなにセキュリティの厳しいマンションに侵入する者がいたらお目に掛かりたいとも思うのだ。決死の覚悟で外壁をよじ登ってきたとしても、犯行に及ぶ前に、往来の通行人に一一〇番通報されて捕まるのがオチである。

愛犬がいたときは、家を空けた折にスマホやタブレット型端末からようすを見るのが愉しみだった。彼の家のスマート・カメラは三六〇度の首振り機能やズーム機能、暗視カメラモードが付いている。犬が何をしているのか、すべての可愛らしいしぐさをつぶさに観察できる仕組みだ。それがもう出来ない。この欠落感たるや……。

そんなに寂しいなら、今後はそれで妻を観察すればいいではないか？

いいや、彼の妻は海外に本社のあるアパレル・ブランドのベテラン社員で出張が多く、自宅にいる時間は彼の方が長いほどだ。なんなら彼が妻にスマート・カメラで監視されている可能性がある。残念なのか幸いなのか、妻はそれほど彼に関心を持っていないが。

彼だってそれなりに忙しい。

国立大学で博士号を取得、ロシアやアメリカに留学して帰国後五年間の大学勤務を経て先端医療関連会社を起ち上げた。五〇歳を目前にした近頃では終末医療分野への進出を考えており、本や論文も執筆している。尚「桂」は仮名だ。

——こんな立派な先生が私なんかに体験談を応募してくれたのが嘘みたいなのだが、これから綴るのは本当の話、彼の実体験である。

五年前の師走の深夜、桂さんは背中にチリチリと痺《しび》れるような違和感を覚えた。

——さては心臓だな。

背中の上部の痺れは心筋梗塞の予兆なのだ。

医療に詳しくて好運だった、ふつうなら見過ごしてしまうだろう、と、思いながら、彼は落ち着いて鞄にスマホとタブレットなどモバイル一式を詰め、部屋着の上からダウンコートを羽織ると、徒歩一、二分の至近距離に住んでいる妻の妹夫婦を訪ねた。

「お義兄《にい》さん、こんな夜中にどうしたの？　姉さんは……ああ、年明けまで海外にいるんだったね」

「そうなんだ。すまない。こんなときに、心筋梗塞の初期症状が出てしまった。救急車を呼んでくれないかな。入院することになると思うから一応カミサンにも連絡して」

そこから救急車で港区内の総合病院へ搬送された。

運び込まれるとすぐに、心地よいアンビエント・ミュージックが鼓膜に流れ込んできた。528ヘルツだろうか……。ストレスや不安を軽減し、細胞の修復を助けるとされるソルフェジオ周波。ここでは最先端科学を採り入れているのか。

良い病院にあたった、と、嬉しく思いながら諸検査を受けたところ予想以上に結果が悪かった。即座に入院加療という運びになって、四人部屋のベッドを割り振られた。

ベッドの周りを囲むカーテンを看護師が閉じて、早く休むように彼に促したのが午前二時か三時頃。

だが意識は明瞭に冴えており、なかなか寝つけなかった。

カーテンに視界を閉ざされると、周囲の音が気になりだした。

院内に漂っているゆったりしたアンビエント系のＢＧＭとは別に、さっきからシャカシャカシャカシャカ変な音が右の方から聞こえているようなのだ。

じっと耳を澄まして、これはイヤホンの音漏れだと気がついた。右隣のベッドに寝ている入院患者が大音量で音楽を聴いているに違いない。

規則正しいビートだけではなく、よくよく聴けばメロディラインも伝わってきた。

曲の正体を知りたくて耳をそばだてているうちに、やがて、八〇年代を中心に活躍したイギリスの人気ロックバンド、クイーンの名曲メドレーのようだと見当がついた。

わかったので満足して、右に傾けていた顔を真っ直ぐに戻した。

すると左上の方の視界の端で、黒い生き物の影が動いた。

体を丸めてカーテンレールの上に乗っている。手足でレールを掴んでいるに違いなく、状況から推測して鼠以外の動物の可能性は低い。

しかし、昨今都会のドブ鼠が大型化していると言っても大きすぎる。小柄な人間がうずくまっている、わけがないが、そんなサイズ感と形だ。……まさかとは思うが、猿？

正体不明の獣だ。刺激しないように、寝たまま静かにそちらを振り仰いだ。

カーテンレールの上には、何もいなかった。

——おかしいな。気のせいとは思えない。大きく感じたのは錯覚で、この逃げ足の速さから推理するとやはり鼠だろう。都心の優れた病院なのに、やれやれだな。


明け方から熟睡して、翌日は重病人なりに元気に過ごした。絶対安静を命じられているのでベッドに横になっているしかないが、頭脳は活発に動いた。

目が覚めると真っ先に、巡回に来た看護師に頼んで、家を出るときに持ってきた鞄からスマホとタブレット型端末を取り出してもらった。

彼の自宅は、玄関の鍵や照明器具、エアコンなどの状態を端末から確認でき、操作が可能だ。玄関に鍵が掛かり、エアコンや照明のスイッチが入っていないことを確かめたところで、再びさまざまな検査を受けたり心臓にモニター装置を付けたりと忙しくなった。

夜の八時ぐらいになって、ようやく解放されたので、またデバイスから家を点検しはじめた。スマート・カメラの映像をつぶさに見るためにタブレット型端末で専用のアプリを起動させたところ、驚くべき光景が液晶画面に映しだされた。

暗視カメラモードの仄暗い画像だが画質は良く、細部までクリアに撮れている。

メインカメラが設置された約五〇平米の広いリビングダイニングルーム。

その中央にある食卓の下に小学生ぐらいの子どもが膝を抱えて座り、そばに長い黒髪の若い女性が佇んでいた。女性は撮られていることをはっきり意識していて、カメラを真っ直ぐに見つめ、レンズの向きを操作すると、その動きを目で追ってきた。

さらに、この部屋のベランダには、上半身裸の白人男性がうろついていた。

その他にも、外国人と思われる男女が室内をのそのそ歩きまわりながら、暗視カメラで撮ったとき特有の白く輝く双眸でカメラを何度か睨みつけた。

「たいへんだ！」と桂さんは大声を出した。

すぐさま近くにいた看護師が飛んできた。「これを見てください」と言ってタブレットを差し出すと「なぁんだ」と安心したふうで苦笑いを浮かべる。

「ユーチューブですか？」

「違いますよ。うちの監視カメラのライブ映像です。侵入者です」

看護師は息を呑んで、タブレットの映像をあらためて眺めた。

「……見るからに怪しい人たちですね。ご家族は？」

「妻が。でも年明けまで出張していて留守なんです。幸い義妹《いもうと》夫婦が近くに住んでいますから、現状を確認した上で警察に通報してもらいます。……あっ、そうだ」

ふと思いついて家じゅうのスマート照明を点灯させてみた。

しかし侵入者たちは驚くようすもなく、室内に留まった。

さまざまな人種の男女四人と子ども一人という組み合わせから、彼はホームパーティを連想した。夫婦とも海外に知人や友人が多く、パーティを開くと無国籍な光景を呈した。

だが、今、食卓は空で、大人たちは全員たまにカメラの方を睨むような目つきで見あげる以外は何をするわけでもなく手ぶらでうろうろし、子どもはずっとテーブルの下にいる。

明るい室内に、彼らは確かに存在していた。

桂さんは、監視カメラ映像を見ていたタブレット端末から義妹のＳＮＳにメッセージを送った。そのため、このときいったん画像を閉じた。そして即座に義妹が彼のメッセージにＳＮＳの電話で応えたために、しばらく侵入者たちから目を離す結果になった。

再び画面を監視カメラ映像に切り替えたのは、一〇分ぐらいして義妹から「着いたよ」という電話をもらった直後だった。

「気をつけて」と注意を促しながら、通話を続けたまま、自宅玄関の監視カメラと端末を繋いだ。

すぐに合鍵を使って義妹夫婦が玄関ホールに入ってきた。さきほどスマート照明で全点灯したので二人の姿がよく見える。

「誰もいないみたい」と義妹が廊下を歩きながら桂さんに言った。

「鍵はちゃんと掛かっていた。玄関は異常なし。全然人の気配がしないね。大丈夫そうだから、部屋の方も見てみるよ」

義弟《おとうと》が先に立って、リビングダイニングのドアを開けた。ドアから顔だけ室内に突っ込んで用心深くようすを窺っている。

桂さんはリビングダイニングにカメラ映像を切り替えた。

ドアから覗き込んでいる義弟が画面の隅に映った。義妹に後ろから押されたようで、二人でくっつき合いながら部屋の出入り口近くまで入り、並んで立ち止まってキョロキョロしはじめた。

「こっちも異常なし……と思う。お義兄さん、本当にさっきまで変な人たちがいたの?」

「うん。五人いた。子どもが食卓の下に座っていて、ベランダに半分裸の男が……」

義妹はスマホをスピーカーに切り替えていたようで、義弟が間髪入れずに「僕が見てきましょう」と言うと、大股にベランダの方へ行って掃き出し窓のカーテンを開けた。

桂さんはハッとして「そういえば私が見たとき、そのカーテンは全開になっていた」と言った。「今は閉まっていたね?」

「ええ。窓の鍵も閉まっていますよ。……うわ、寒いな」

義弟はベランダに出て、先刻、半裸の男がいた辺りを見回ると戻ってきて、ここから誰かが侵入したとは思えないと言った。

「足跡ひとつ見当たりませんし、荒らされた形跡もないので」

その後、キッチンやトイレ、寝室、ガラスの嵌ったすべての窓を含めて、室内を隈なく調べてもらったが、おかしな点は何も発見できなかった。

「お義兄さん、とりあえずゆっくり体を休めて。あらためて戸締りしていくから」

「安心してください。僕たちに出来ることがあれば、これからもなんでも言ってくださいね。今回は……良かったじゃないですか何事もなくて。通報する必要はないですね」

「そうだね。ごめんね。ご足労をかけてしまった」

恥ずかしさを覚え、尚もしどろもどろに謝りながら通話を終えた。

義妹たちが帰ってから、照明を落として暗視カメラ・モードで家じゅうを確認してみたが、やはり無人のままだった。

夢や幻覚ではない証拠に、看護師も一緒に、侵入者たちを端末の画面で目撃した。

だが、ほんのわずかな時間、目を離した隙に全員消えて、家に出入りした痕跡すら見つからなかったのである。

義妹夫婦は、義兄《あに》は病気の影響で幻を見たに違いないと考えたはずだ。

桂さんはそう思い、次からは辻褄の合わなそうな現象を見たり聞いたりしても、うかつに口に出さないことにしようと思った。

ここの担当医に報告されて、脳の異常などを疑われたら入院が長引く恐れがある。

心臓モニターによる経過観察中は、ベッドに寝たまま身動きが取れない。

心電図に異変がなければ放っておかれるだけだから、つまらないこと、この上ないのだ。

――このＢＧＭが唯一の救いだ。退院する前にアルバム名を教えてもらおう。

結局、入院から四日目あたりになって退院の見込みが立ち、最終的な検査と担当医によるカウンセリングを受けた。

さしあたり問題がない結果が出て、明日の午前中に退院手続きを取ることになった。

「おめでとうございます。当院の居心地は如何《いかが》でしたか？」

看護師に笑顔でそう訊ねられて、桂さんはＢＧＭの件を思い出した。

そこで音楽が流れていることを表現するために宙を指差して、こう訊ねた。

「これはなんという曲ですか？　アルバム名を教えていただけたら……」

看護師と医師は顔を見合わせた。

看護師が怪訝そうに、「曲、ですか？」と彼に訊き返した。

「ええ。この病院シャレていますよね。こういうアンビエント系のインストゥルメンタルを患者のために放送してくれるところは珍しいでしょう。５２８ヘルツ。違いますか？」

医師が顔を険しく引き締めて、彼の真正面に座り、目の前に手をかざした。

「この指、何本に見えますか？」と言ってグーを握り人差し指を立てたので、心臓がまた悪くなりそうなほど彼は衝撃を受けた。

――音楽なんて流れていなかったんだ！

「一本です」

「何か音楽が聞こえるんですか？」

「気のせいだったかもしれません。もう聞こえません」

そう答えると同時に、「おやおや？」と誰かが耳もとで嗤いながらつぶやいた。

そのとき、今の声は十中八九、自分にしか聞こえなかったであろうと直感した。

ＢＧＭと同じだ。

幸いそれ以上は何も疑われなかった。忘れ物がないかベッドの周りを見直していたとき、右隣のベッドのカーテンが開いていることに気がついた。

シーツに皺ひとつなかった。ベッドサイドの棚にも何も置かれていない。

そこへ、さっきとは別の看護師が枕と上掛け蒲団を運んできて、シーツの上に置いた。

「誰か新しく入院するんですか」と彼はその看護師に訊ねた。

「ええ。ここ数日たまたま空いていたんですけど、冬場は急な入院患者さんが多くて。退院ですよね。おめでとうございます。お気をつけてお過ごしください」

音漏れするイヤホンで音楽を聴いていた患者も、この世の者ではなかったのだ。

病院の外でも、新たな衝撃が待ち受けていた。

会計手続きを済ませて建物の外に出たら、待合室にいた患者や付き添いの人々のような、ようするに外見的にはごく標準的でありながら雑多な老若男女が、至るところに溢れていたのである。

声も……。人々が喋る声が重なり合い、空気がウワーンと鳴っているように感じた。病院の待合室も、たいへん混雑していたけれど、つい先ほど看護師が冬場は忙しいようなことを言っていたので変に思わなかった。

しかし外まで混み合っているのは異常だ。デモ行進やお祭りや週末の繁華街じゃないんだから、と、困惑しつつ彼は悟った。

――私は〝見える〟ようになってしまったのだ。

霊感という言葉を使うことには抵抗感があった。

物理学と心霊の世界は相性が悪い。

病院前のタクシー乗り場で空車を待つ間も、周囲を人に取り囲まれていた。どの人も普通の人間に見えたので、行列の最後尾に大人しくならんでいたのだが。

「お乗りになりますよね?」と、車を降りてきた運転手から声を掛けられて、自分の前に並んでいた人たちが、運転手の目には映っていないのだと察した。

走るタクシーの窓から見た街の景色も奇妙だった。

ビルに挟まれた狭い路地も、午前中には空いているはずの公園も人だらけなばかりではなく、車道も歩道橋も群衆で埋め尽くされていたのである。

さまざまな服装の、顔色も何もふつうの人間と寸分たがわない姿形の人たちが、ある人は歩き、ある人は走り、またある人は佇んだりしゃがみこんだり、歌ったり、連れと会話したりしている。子どもや老人もいる。アジア系ではない人種の人も……。

病院から自宅マンションまでの数キロの間に、あらゆる人間の姿を見たような気がした。

マンションの前でタクシーを降りた。

エントランスは壁一面がガラスで、真ん中のスライドドアに、膨らんだ鞄を手に提げた自分と、二メートルばかり後ろにいる男女二人連れの姿が映っていた。

女性とは、このマンションに古くからいる住人だからお互いに顔見知りだった。立ち話をしたことが何度もある。七〇歳前後のスマートな淑女だ。

男性は見知らぬ老紳士で、ダンディな中折れ帽とチェスターコートが背の高い細身の体形に似合い、非常に印象的だ。

二人は一見したところ夫婦か恋人同士のような雰囲気だった。

女性が「こんにちは」と挨拶しながら彼に追いついて、横に並んだ。

「鍵をお開けしますよ」と言って、すでに手にしていた電子錠をインターホンのタッチパネルにかざした。彼は女性の方を振り返って軽く会釈した。

「ありがとうございます」

そう言いながら、老紳士の姿が無いことに気がついた。

スライドドアが開いてゆく。急いでガラスの方に目を戻すと、そこには中折れ帽の老紳士が映っていた。

再び女性の方を振り向いてみたら老紳士は消えていた。

しかし、またガラスを見ると映っているのだった。

――あれは肉眼では見えない人なのか。

とりあえず家に鞄を置いて、近所のコンビニに行き、食べ物などを買ってきた。

その間、昔、父親から聞いた話を思い起こしていた。

桂さんの父は土木建築の専門家で、測量図を作成するために現況の写真を撮影しながら山間部を歩きまわることがあった。

あるとき相方と一緒に仙台市の八木山で撮影していたところ、林道から半歩、雑木林に踏み込んだ辺りに横たわる、白い人影が写真に写り込んだ。

明らかに人間の形をしているが目鼻立ちや衣服などが判然とせず、少し発光しているかのように全体に白っぽい。

たまたま雑草や小石が陽射しを反射して、人間の形になったのかもしれない。

そんなふうに自分たちを納得させようと努めながら、次の測量ポイントに進んだ。

——そこで彼らは女性の亡骸を見つけたのだという。

写真に撮れたのと同じように地面に横たわった、まだ綺麗な死体だったそうだ。

早く見つけてほしい気持ちが心霊写真を撮らせたのだろうか、と、父は不思議がりながら、その一方で、たまたまああした写真が撮れた直後に、偶然、次のポイントで遺体を発見したに過ぎないのだとも言っていた。

コンビニから帰ってくると、マンションのそばで隣の部屋の住人に出会った。

この人も住人としては古株だが、さっきの女性よりずっと近しい仲である。

——もしかすると、あの老紳士のことを知っているかもしれない。

そう閃いたので、挨拶しがてら話しかけた。

「実は、恥ずかしながら今朝まで入院していたんですよ」

「そうなんですか？　もう大丈夫なんですか」

「はい。お蔭さまで。そうそう、戻ってきたら、そのとき偶然……」

と、例の女性とエントランスで会った件からの流れで、何気なさを装って訊ねた。

「あの方、だいぶご高齢かなと思うんですけど、ご家族はいらっしゃらないのかな？」

隣人は案の定、彼女について詳しく知っていた。

「お連れ合いを亡くされたんですよ。桂さんが越していらっしゃるより前ですから、独り暮らしになられてから一〇年以上経っちゃいますね。ご結婚はされていないと言っていましたが、とってもお似合いの美男美女のカップルでした」

「彼女は今でもお綺麗ですものね。男性もハンサムだった？」

「ええ。あの世代には珍しく背が高くて、外出するときはいつもロングコートや帽子で渋くキメていらした、ロマンスグレーのジェントルマンでしたよ」

中折れ帽とクラシックなコートで装った老紳士の姿と、人物像が重なる。

過去に実在した人だったのだ。知り得ないはずの姿を、隣人の話を聞く前に認識していたわけである。


——人の意識はクラウド的なネットワークによって、人同士で繋がりながら構成されているのではないだろうか。

動物の本能は無数の意識のクラウドから成り立っているという説がある。

意識には当然、知識を含む記憶の裏打ちがされている。知識は蓄積される。

同じ種の中で自覚することなく意識のネットワークを張り巡らせることが、本能的な行動に決まったパターンを生み、種の存続に貢献し、ときには進化を促すのかもしれない。

実際に、そういう先端科学の仮説があるのだ。

桂さんは、これで幽霊の話を説明できるような気がした。

高齢のご婦人が記憶する連れ合いの姿や、街路を埋め尽くす幻の群衆。彼らはクラウドに保存された人の記憶なのだ。

心筋梗塞で死に近づいたせいで、このネットワークに接続されてしまったに違いない。

これに繋がりやすい体質の人が、一般に「霊感がある」と言われることになるのは想像に難くない。ふとした瞬間に接続されると、八木山で心霊写真を撮ったり遺体を発見したりした父と相方のような体験をするのかもしれない。

また、彼と一緒に端末の液晶画面に映し出された奇妙な侵入者たちを目撃した看護師も「霊感がある」状態だったのかも……。

そうしてみると、義妹夫婦は「霊感がない」人たちだったことがわかる。

一九六九年に著書『死ぬ瞬間』で死を受容するまでのプロセス（キューブラー＝ロスモデル）を提唱したエリザベス・キューブラー＝ロスは、魂の存在を認めていた。

彼女は、精神科医として終末医療の臨床研究に尽力し、命が尽きかけた患者がついに死に至るまでの過程を調査するうちに幽体離脱や霊的存在との交流を体験したという。

まだ科学的に解明されていないだけで、幽霊や死後の世界はたぶん本当にあるのだ。

二、三日すると、変わったものが見えなくなった。

一過性の病のような霊感体験。彼は、ふつうの世界の快適さを噛みしめると同時に、愛犬の幽霊に逢えなかったことを残念に思った。

鮮やかな青

一孝《かずたか》さんは三一、二歳の頃、よくお見合いパーティーに参加していた。

昨今なら出会い系アプリで婚活するところだが、九〇年代の終わり頃のその当時、都会では会員制のパーティーが主流。東京っ子の一孝さんは都心の会場に足を運んではパートナー候補を探し求めていた。

クリスマスを目前に控えたある日、彼はある女性と意気投合してデートの約束を取りつけた。服や持ち物のセンスが個性的で、気さくな性格の美人だった。

デートでは流行《はや》りの焼き肉屋に行って、二人で散々飲み食いした。

彼はたいへん愉しい時間を過ごした。彼女もはしゃいで、終始、笑顔だった。

会計のとき彼女が財布を出したので、「ここは僕が」と彼は言って払わせなかった。

「じゃあ次は私に奢《おご》らせてね」と彼女は応えて、財布をバッグにそそくさとしまった。

「とても素敵なお財布だね」と彼は言った。

実際、珍しい財布だったのだ。

とても鮮やかなサファイア・ブルーに染められた爬虫類革のロングウォレット。

「ありがとう。気に入ってるの」

今度の土曜日にまた会う約束をした。待ち合わせ場所や時刻は、あらためて電話で話し合うことにして別れた。

しかし、二、三日して八時頃に電話をしたら彼女が出ない。

朝に掛けても出なかったが、夜になると向こうから電話があった。

そして「なんでしつこく電話してくるの！」と、いきなり怒られた。

彼は、彼女には他に男がいるのだろうと思い、腹を立てて電話を切った。

翌年のゴールデン・ウィーク初日、前夜に仲間と呑みすぎて、宿酔いで起きてテレビを点けたら昼のニュース番組をやっていた。

埼玉県のマンションで火災があり、消火中に女性の他殺死体が発見されたとか……。

警察は女性の交友関係を詳しく調査する方針だとアナウンサーが言っていたようだが、あまりよく聞いていなかった。

その夜、去年の暮れにデートした彼女が夢に現れた。

悪夢だった。

突然、胸の上にのしかかってきて「痛い。苦しい。熱い」と直接、彼の頭の中に訴えかけてきたのである。

逃れようとしてもがいたが、なぜか思うように身動きが取れない。そのうち黒い帯のような何かが顔や頭に巻きついてきた。息苦しくてたまらなかった。

――電話のベルで目が覚めた。

全身が汗まみれだった。時計を見ると朝八時ちょうど。

「はい」

「○○警察署の者ですが、任意で事情をお聞きしたいことがございまして。今からご自宅の方にお伺いしてもよろしいですか」

知り合いが何か悪事をしでかしたのでなければいいが、と、思いながら刑事たちと会って事情聴取を受けた。

すぐに驚くべきことがわかった。昨日ニュース番組で報じていた火災と殺人事件の犠牲者は、去年一二月に出逢った彼女だったのだ。

彼女は非常に惨たらしい殺され方をしていた。

七、八ヶ所も刺された上で拘束され、顔面にガムテープを巻きつけられて燃やされていたのである。

死因は外傷性ショック死。火をつけられたときはすでに息絶えていた可能性が高いのが、せめてもの救いだったと思われた。

三日続けて刑事が訪ねてきて、いろいろ訊かれた。

四日目に来なかったときには、ホッとした。

容疑から外してもらえたのだろうと安堵もしたが、それ以上に、もう話すことが何もなかったのだ。

しかし、最後の聴取から一週間ほど経つと、またいつもの刑事たちが訪ねてきた。

「知っていることは全部話しましたよ」と言うと、意外なことを質問された。

「彼女がどんな財布を持っていたか憶えていますか？」

たちまち、鮮やかなブルーが脳裏に蘇った。

「爬虫類の革で出来た真っ青なロングウォレットでしたよ、刑事さん！」

すると刑事が「あんた彼女の仇を討ったよ」と言った。

「殺人容疑で逮捕した男が持っていた財布が、まさにそういう財布だった。中身を抜かれて指紋も拭かれてしまっていたが、ちょうど特徴が一致するんだ」

近所の祠

街道や鉄道の線路、あるいは山や川を境に、あちらとこちらで景色ががらりと変わることがある。

私が育った頃の八王子にもそんな場所があったたし、高也さんの故郷の千葉県某町も山の南と北でようすが違った。

山の南側は斜面に住宅街が形成され、麓は電車の駅を中心とした商圏になっていた。対して北側は田畑や養鶏場があり、人家は乏しく、田舎の風景が保存されていた。

現在四〇歳の高也《たかや》さんが二〇歳の頃、山の北側に住んでいるガールフレンドが電話を掛けてきて、さっき幽霊を見たと報告した。

「近所に小さな祠があるんだけど、覗いてみたことがなかったの。昨日、通りすがりにふと思いついて見てみたら、祠の中に首が無い人形がいっぱい詰め込まれていて……」

彼女は急いで帰って、母親にそのことを話した。

すると母は、「友だちから聞いたんだけど、あの祠のそばに赤い着物の女の子が立っていたんですって。怖いので早足で通りすぎたら、祠の前を通過した途端、左右の肩に後ろから小さな手がしがみついてきて、その女の子が背中におぶさってきたんだって！」

と、不気味な話を彼女に聞かせた。

母の友人は少女を振り払って家に逃げ帰ると、熱を出して寝込んでしまったという。

翌日、彼女と母親は二人で犬の散歩をした。

いつものルートは例の祠の前を通る。怖い感じもしたが、まだ夕焼け空にトンボが飛んでいて、日没まで間があった。二人と一匹で明るいうちに歩くなら問題なかろう……。

ところが祠の横に、真っ赤な振袖の着物を着た五歳ぐらいの女の子がいた。

「犬が尻尾を巻いて家の方に駆けだして、私たちも一緒に走って逃げ戻ってきたの」

それが、つい一時間ほど前の出来事だと聞いて、高也さんは近所の幼なじみに連絡した。

「今夜、丑三つ時に山の向こうの祠に行かない？」

幼なじみは喜んで誘いに乗ってきて、午前二時頃、一緒の山の南側へ行った。

高也さんはガールフレンドの犬の散歩に付き合ったことが何度かあり、祠を見かけた記憶もあった。だから道に迷うはずがなかったが、その辺の近くに差し掛かったときから一面に濃い霧が垂れ込めてきて、視界が悪く、祠がなかなか見つからない。

「そうだ。祠の手前に鳥居があった」と高也さんは思い出して、幼なじみに言った。

「鳥居か。もしかして、あれじゃないか」

幼なじみが道端の一点を指差した。

すると霧がサーッと割れて鳥居が姿を現わした。

鳥居を潜ると、後ろでドシャッと変な音がしたが、振り返っても街灯に照らされた道路があるばかりだった。独りなら急いで家に引き返すところだが、幼なじみが「早く行こうよ」とせっつくので仕方なく祠の真ん前まで歩いていった。

扉に格子が嵌《はま》っていて、持ってきた懐中電灯で中を照らしたところ、大小さまざまな首なし人形が滅茶苦茶に詰め込まれていた。

二人で大騒ぎしながら高也さんの家までまっしぐらに帰った。

「今夜は泊まらせて。独りで帰る気がしない」

「俺も独りで寝るのが怖いよ」

家に入り、二階にある自分の部屋に行くために階段の電気を点けると、彼は、後ろから来る幼なじみに声を掛けた。

「玄関の電気のスイッチ、切っておいて」

幼なじみがスイッチを切ると、三和土が暗くなった。

その直後、玄関ドアの新聞受けがゴンと鳴り、どこからともなくカン高い女の笑い声が響いてきた。

朝陽が差してきて、ようやく眠りに落ちたのだが、赤い着物の女の子が膝を抱えて泣いているのをなすすべもなく見守るといった夢を見た。


それから一年あまり経って、夜、例のガールフレンドと犬の散歩に出掛けた。

「あれから何もないから平気でしょう」と彼女は言っていた。

だが、鳥居の近くの電柱の陰に、背丈の低い人影が半ば隠れるようにして立っていた。

赤い着物姿かどうかはわからなかった。

わざわざ前を通るものではないと判断して、道を引き返した。

少しして振り返ると、沿道に並ぶ電柱に隠れながらその人影が後をつけてきているのがわかった。しかし三度目に振り向いたら消えていて、それきり何も起きていない。

墜落の町

宮城県にNという町がある。

東西に走る鉄道の線路に沿った細長いエリアと、その東の端から南へ延びる長方形のエリアで構成されていて、地図で町域を確認するとL字を逆さまにした形をしている。

コーナーの内側に自衛隊の駐屯地があるのは、かつての米軍駐屯地の名残だ。

Nには第二次大戦直後から米兵向けの歓楽街が置かれた。その辺りは江戸時代には宿場町として栄えた場所で、先祖伝来の経営手腕を持った家や地縁がしぶとく生き延びていたようで、駐屯軍が去った後も、九〇年代までは賑わいのあるスナック街が存在した。

現在ではその界隈はすっかり寂れて、ゴーストタウンのような様相を呈している。

とはいえ荒んでいるのはNのごく一部だ。

エリアの中心であるN駅前や国道の周辺には大型店舗や集合住宅が建ち並び、インフラも整っている。

住みやすく、それでいて郊外特有の広い空が保たれた模範的な田舎町といった印象だ。

さて、このNで、二〇〇六年五月二三日に謎めいた事件が起きた。

全国紙でも報道されたので、ご記憶されている方もいらっしゃるかもしれない。

N駅付近の一一階建てマンションの八階付近から、九歳の女の子が落ちて死んだのだ。

このたび、マスコミで報じられた話とは異なる証言が得られたので、ご紹介したいと思う。


その日の夕方、Nにあるマンションの八階に住む一一歳と九歳の姉妹が、連れ立って一階のエントランスまで新聞の夕刊を取りに行くことになった。

しかしエレベーターのボタンを押した途端に、姉の方が尿意を覚えた。

ちなみに姉妹は四人きょうだいの末っ子とすぐ上の姉で、この家では子どもたちそれぞれに何かの係が割り振られていた。新聞を取ってくるのは、この二人の役目だった。

「おトイレに行ってくる。ここで待ってて。すぐ戻ってくるから」

と、そのとき姉は妹に言った。

姉妹の家のドアやエレベーターは、マンションの外廊下に面していた。上部が開放された高さ一三〇センチほどの壁に囲まれた外廊下だ。エレベーターから二人の家までは、歩いても一分も掛からない距離。走ればさらに早く着く。

姉は走って家に戻ると手早く用を足した。そしてエレベーターの前に駆け戻った。

そこで妹が待っていると思ったから急いで来たのだ。

ところが妹の姿はなく、先に下に降りたのかしらと思ったが、エレベーターは、この八階で停止していた。

不審に思いつつもエレベーターに乗ろうとしたそのとき、黄昏の空の上から妹がまっさかさまに墜ちてきた。

上が開いた外壁の外側を、目をみひらいた驚愕の表情で頭を下にして墜落してゆく。たちまち姉の目の前を通過して、下へ。

八階にいる彼女の耳にも、人間の肉体が地面に叩きつけられる、水気を含んだ厭な音が届いた。ガクガク震えながら外壁に駆け寄って下を覗くと、地面に横たわる壊れた人形のような姿が……。

そこはこのマンションの駐車場で、日中は住民がよく出入りしており、往来に面していた。妹の、半ば潰れた頭。その周囲に赤黒い液体がじわじわと広がり、誰かのけたたましい悲鳴が聞こえてきた。

もしかすると、その声は、姉である彼女自身が放った絶叫だったかもしれない。

悲声を聞きつけた八階の住人が二、三人、廊下へ駆けつけて、エレベーターのそばで放心状態で倒れている姉を見つけた。

彼女が家で小用を済ませてから、エレベーター前に戻ってくるまで、五分も掛からなかったことが想定された。

妹は、そのわずかな時間に上階に行って飛び降りたのだ。

そんなことがありうるだろうか？

エレベーターが八階で止まっていたのに？

——以上が、この話の姉である彼女の同級生、鳴美《なるみ》さんから傾聴した話である。

ところが当時の新聞報道を読むと、当初、妹は八階付近から落ちたことになっていた。

《マンションの防犯ビデオに転落する映像が残っていたことから、所轄の仙台東署は八階付近から落ちたとみて詳しい経緯を調べている》（時事通信）

これだけなら単純な転落事故だ。しかし続報では、防犯カメラの位置からは「八階付近から落ちた」とは限らないため謎が深まったことが明かされた。

《防犯カメラはマンション一階に四台とエレベーター内に一台あり、管理人が二三日午後三時から同五時半までの映像をチェックしたところ、不審な人物は写っていなかった。また、エレベーター内の防犯カメラに遥ちゃんは写っていなかった。一階郵便受けに新聞が残り、一階までは下りていない可能性が高いとみている（中略）マンションの玄関はオートロックで、二ヶ所の非常階段は外部から入れない構造になっていた。管理人は平日は午前九時から午後五時まで常駐しているが、転落時間帯に不審な人物などは目撃していないという》（毎日新聞）

尚、マンションは一一階建てだ。従って八階から一一階までのどこかから落ちたはずなのだが、マンションの住民は「誤って落ちる（外壁の）高さではない。大人でさえ下を見るのも容易ではない」と証言していたとのこと。

妹の身長は約一三〇センチで外廊下の壁とほぼ同じぐらいだった。道具を使わずに短時間のうちに自力で乗り越えられるだろうか……。

その可能性はごく低く、実際、八階付近の外壁とその付近からは彼女の指紋や靴の跡は検出されなかったという。

警察では不審者による殺人事件の可能性も視野に入れて捜査したが、長らく真相が明らかにならなかった。

だが、やがて、少女の掌に外壁の塗料が付着していたという一点と、「小学生が外廊下の壁に上って遊んでいるのを見たことがある」との住人の証言をもって、転落事故であると結論づけられたのである。

八階よりも上の階から墜ちてくる妹の姿を目撃した姉の記憶が、かえりみられることはなかった。


――さて、ここで、インタビュイーの鳴美さん自身の体験談も紹介したいと思う。

今から八年あまり前のことだ。

大学の春休みを利用して、鳴美さんは宮城県のNに帰省した。実家でのんびりしていたのだが、三日もすると退屈を持て余し、そのときは暇つぶしに近所を散歩していたという。

午後四時頃に実家を出発し、日没前に引き返すつもりだった。

特に目的もなくぶらぶら歩いていると、やがて不思議な家を見つけた。

角地に建っているのだが、敷地の周囲が隙間なくブロック塀に囲まれていて、出入りできる門のようなものが無い。中を覗き込むと、隣り合う家との境にまでブロック塀が続いていることがわかった。

塀越しに平屋の日本家屋が見える。

しかし、この家にはどうやっても出入りできそうにない。

生まれ育った町だが、今までこんな変な家があることには気がつかなかった。

どの窓にも曇りガラスが嵌っている。窓の奥は暗く沈み、すでに黄昏どきだから電灯を点けてもよさそうだが、そんなようすもない。

空き家なのだろうと彼女は思った。だから門を潰して塀で囲ったのだろう、と。

そう結論づけてみれば、屋根や外壁が相当に傷んでいる。

彼女は興味を失って歩き去ろうとした。

ところがそのとき目の前の窓ガラスに、肌色の顔と掌が内側から貼りついた。

曇りガラスなので細部は判然としないが、大まかな目鼻立ちと左右の掌はわかった。

両手をガラスにつき、手と手の間に顔を押し当てて、明らかに鳴美さんを睨みつけている。

怒気が伝わってきたので、とりあえず慌てて逃げ帰った。

だが、そこから遠ざかるにつれて疑問が湧いてきた。

塀に切れ目がなかったにもかかわらず、家の中に人がいた。いったいどういうことだろうと思ったので、帰るとすぐに祖母をつかまえて何か知らないか訊ねてみた。

鳴美さんの祖母という人は、江戸時代からNに根を張る大地主の末裔で、若い頃から大家業に励み、Nで貸し出している不動産の一部は、高齢になった今でも自分で取り仕切っていた。

案の定、祖母は事情に通じているようだった。

聞けば、あの家のある地所も、三〇年ほど前まで祖母の生家の持ち物だった。

しかしその頃、「あそこは筋の良くない土地だ」と言われるようになって、売り払ったのだという。

「そのとき買った人が建てた家なんだよ、今日、おまえが見たのは……。初めはふつうの家だった。でも、なぜかすぐに塀で囲ってしまって、それきり一度も、あの家に近づきもしなかったんだ」

「じゃあ、あの家は空き家なの？　だったら、窓に顔を張りつけたのは誰？」

鳴美さんがあらためて鳥肌を立てていると、祖母は不吉なことをつぶやいた。

「このうちだって、どうだか。Nでは、ときどきおかしなことが起こるんだよ」

そういえば……と、鳴美さんは、実家にいると頻繁に金縛りに掛かることに思い至った。

それから間もなく、例の出入り口のない家のそばで死体遺棄事件が起きた。

雑居ビルの屋内駐車場の片隅で、白骨死体が発見されたのだ。

駐車した車の運転席で息絶えたような遺体だったというが、雑居ビルの各テナントは営業しており、当然、駐車場には人が出入りしていた。

腐敗臭に気づかれることなく白骨化するのは考えづらい状況だ。事件の後テナントが次々に逃げだしてしまったのも、むべなるかな……。

ここは、たちまち廃ビルになってしまったそうだ。

この事件についても、鳴美さんの祖母は土地のせいだと言っていたそうだ。

Nには第二次大戦中に陸軍の造兵廠、つまり軍需工場があり、そこでも学徒動員された工員の少年が煮えたぎる硫酸槽に転落するといった悲劇が起きている。

のどかで暮らしやすそうな町なのだが、痛ましい事件や事故を記憶する土地なのだろう。

狂骨

「川奈先生は鎌倉にお住まいだったことがありましたよね」

「ええ。一〇年ほど住みまして、当時は地元のタウン誌の記者も少しやっておりました。方々取材したお蔭で土地勘がありましたが、近頃だいぶ記憶が薄れてきてしまいました」

「そうですか。では、これから私が話す場所がどこだか、おわかりになるかも……」

「鎌倉の話なのですか?」

「はい。でも、所在地をはっきりさせたくないんです。そこに暮らしている方々が不快に思われるでしょうから」

「特定できないように配慮いたしますので、その点はご安心ください」

「……昭和の頃に造られた分譲住宅地なんです。私も二五歳まで住んでいましたが、両親や友人はみんな亡くなったり引っ越したりして、私が知る人はもうそこには誰も居ません。私もじきに還暦です。……自分が育った場所の話がどんな形であれ世の中に残るのは嬉しいことですから、書いていただければ……。面白いかどうかはわかりませんが……」

鎌倉へ引っ越したのは、利絵子《りえこ》さんが三歳のときだった。

父の仕事の都合で当時は国鉄だった大船駅から江ノ島まで走る湘南モノレールの駅の近くに家を建てたのだ。

六〇年代後半のその当時、鎌倉は宅地開発ブームに湧いていた。

高度経済成長と交通機関の発達に伴い、東京郊外で都心のベッドタウン化が進行するいわゆるドーナツ化現象が起きた。

神奈川県鎌倉市は、ビジネスの中心地である東京都心部から一時間ほどでアクセスできる上に文化の香りが高いことから人気を得て、市内各所に新興住宅地が造られていった。

そうした新しい宅地には、マンション団地もあったし、数百戸から数千戸の庭つき一戸建ての分譲住宅地もあった。利絵子さんが両親と暮らしたのも後者のはずだった。

しかしこの辺りは何年経っても住宅地として拡がらなかった。

土地は確保されているようで、彼女のうちを含む数軒並んだ家々の後ろの方に、広大な空き地があった。ずっと空き地のままなので、やがて「あそこは忌み地だ」などと悪い噂が流れるようになった。

おまけに、彼女が小四のときに家々の並びにある近所の美容院で変なことが起きた。

四十がらみの女店主が一人だけ助手を雇ってやっている小さな店で、二階は店主と夫の住居になっていた。それがいつの間にか離婚して、元夫が二階に住みつづける一方で、店主は他所から通いだした。

つまり店主が一階でこれまで通り美容師として働く間、別れた夫が二階にいる、出掛けたとしても二階に帰ってくるわけで……。

まあ、これだけなら少し変わっているという程度で、別段どうということもなかった。

しかしその年の夏、二階で元夫が亡くなり、死後一ヶ月経った腐乱死体で発見されたのである。

八月の初旬から、美容院の客が異臭がすることに気づき、「生ゴミが腐っていませんか」だの「鼠か鴉がダクトの中で死んでいるのでは」だのと店主に指摘していたが、店主は素知らぬ顔で営業を続けた。

やがて臭いが耐えがたいほどになって客足が遠のくと、ようやく店主は警察に通報した。

「二階から悪臭が漂ってくるので見に行ったら、元夫がトイレで亡くなっていました」

結局、事件性はないと判断され、それから一ヶ月もすると店主は美容院を再開した。

利絵子さんと母は、ここでいつも髪を切ってもらっていたから、店が無事に開くと、ようすを窺いに行った。

ちょうど店の前に店主がいて、母と挨拶を交わした。

そのとき母がおずおずと、「あの……大変でしたねぇ」と労いの言葉を口にすると、店主は涼しい顔でこう応えた。

「死んでトイレで溶けて、便器から溢れていたんですよ」

忌み地の噂。いつまでも不人気な土地。嫌気が差してきていたところへ、今回の気色悪い事件がとどめを刺すことになった。

その後ひと月も経たず、利絵子さん一家は市内の別の場所に引っ越した。


今度の家は、小さな丸い丘の麓に建っていた。丘がまるごと住宅地にされていて、頂上の方に遊具やベンチを備えた公園があった。

その住宅地に、同級生の女の子の家が二軒あった。

一軒は丘の麓に、一軒は頂上の公園の前に。

麓の子は地元の工務店の娘で、公園前の子は子ども会の役員でピアノを習っていた。

公園前の子とは、すぐに親しくなった。同じ時期に引っ越してきて、転居直後から一緒に子ども会に入ったので、自然な成り行きだった。

初めて出逢ってから一週間もしないうちに、家に招待された。

インテリアが洒落ていて、出窓に綺麗な花の植木鉢が飾られており、艶やかなグランドピアノがあって……空気に薄墨を流したかのように暗かった。

「この家、おかしいよね」と友人に問われて、利絵子さんは返事に窮した。

迷った挙句に「素敵だよ?」と応えたが、耳に入らなかったかのように、「幽霊が出るの」と言われた。

「えっ? 変に暗いってだけじゃなくて?」

友人はコクリとうなずいて「うん。暗いのは幽霊のせいだと思う」と言った。

利絵子さんはテレビの心霊番組《あなたの知らない世界》のファンだったので、ちょっと興奮してしまった。

「凄いね! 本当に幽霊が出るの? どんな幽霊?」

友人は嫌がりもせずに真面目に答えた。

「一人じゃなくて、大勢出るんだよ。みんな昔の人の格好をしているの。着物とかモンペとか、国民服って言うのかな……作業服みたいなのを着ていて、男も女もいるし、年齢もいろいろ……」

「見えるの？」

「今は見えない。でも夜になると、うちのお姉ちゃんやお母さんも見えるって。お父さんも、初めは私たちのことを馬鹿にしたり叱ったりしていたんだけど、三日ぐらい前に、階段の踊り場で男の人を見たって。その男は私も何度も見た。枕もとに女の人が立っていたこともあって……怖いよ、この家」

本気で怯えているような表情だった。利絵子さんの方から「公園で遊ぼ？」と誘って、しばらく外で遊んでいたが、茜色の夕焼けが雲を染めはじめると、しょげかえったようすで「ひどいよ」と言った。

「こんなに仲良くなれたのに、私、ここに住んでいたくないんだよ？　大好きなのに、もう無理だよ。うちのお母さんも、お盆の前に引っ越したいって！」

――お盆になれば、亡くなった人たちの御霊が帰ってくるのだ。

「これ以上、幽霊だらけになったら大変だからって。公園の前で見晴らしが良くて、素敵なおうちで、利絵子ちゃんと親友になれると思ったのに……こんな悲しいことってないよ」

そう言ってさめざめと泣きだした。肩を抱いて慰めながら友人の家へ引き返すと、さっきよりいっそう薄暗く、玄関ホールに迎え出てきた友人の母の背後に黒い人影が張りついているような気がした。

「公園も、夕暮れになると危ないから」と友人の母が言った。「そろそろ迎えに行こうと思っていたのよ」

すると友人が「あの公園にも、いっぱい出るんだよ！」と叫ぶように言ったかと思ったら、逃げるように階段を駆け上がっていってしまった。

公園前の友人は夏休み中に引っ越した。本当に、八月のお盆の前に家を引き払ったのだ。

利絵子さんは、丘の麓の同級生と親しくなった。

この子は工務店の三姉妹の次女だった。姉と妹とはそれぞれ一歳違いで、三人いつもくっついていた。だから自ずと三姉妹の遊びに加わるような形になっていった。

一年か二年して、なんでも打ち明け合う仲になった頃、三姉妹の家に遊びに行くと、三人は何やらギラついた表情で目くばせし合っていて、いつもとようすが違った。

「なあに？　どうしたの？」

するとと同級生が三人を代表して利絵子さんに訊ねた。

「昔うちの工務店で撮った心霊写真があるんだけど、見たい？」

公園前の仲良しが幽霊のせいで引っ越してしまったのは悲しいことではあったけれど、相変わらず心霊関係に目がない好奇心旺盛な利絵子さんだった。

さっそく姉妹が共有している二階の子ども部屋で、写真を見せてもらった。

表紙の四隅が傷んで丸くなったアルバムが、すでに運び込まれていた。それを囲んで座ると、白黒や色褪せたカラーの古そうな写真を、三姉妹が次々に指し示しては解説を加えていった。

「ここに顔みたいなのが写り込んでいるのがわかる？」とか「木立ちの中に白っぽい人影が見えるでしょう」とか——言われてみればそう見えないこともないという程度の写真ばかりだったので、しばらくすると退屈してきてしまったのだが。

利絵子さんが飽きてきたことを察してか、急に同級生が「いいよね？」と姉と妹に許可を取って、「とっておきの秘密を教えてあげようか」と言った。

「今まで見せた写真は全部、ここの住宅地が出来る前や、工事中に撮ったものなんだ。このないだ引っ越しちゃった子の家や公園の辺りで、造成前に撮った写真もあったんだ」

「……あの子、家や家の前の公園に幽霊が出るって言ってた」

「出るだろうね」「当然だよね」と工務店の三姉妹はうなずきあった。

「ここの丘には大昔から集落があって、元々、村長《むらおさ》の家系だった私の家の土地だった。集落の人たちはみんな麓の方にうちから土地を借りて住んで、丘のてっぺんを共同埋葬地にしてきたの。何十年か前に法律で禁止されるまで、遺体を焼かずにその辺りの地面に埋めてきたんだって」

墓地は、現在は公園がある場所を中心に、丘の頂上付近をすっぽりと包んでいた。

ほぼ同族で構成された排他的な集落だったため、長らく公的な調査が行われてこなかったという。

「でも昭和になってから、だんだん役所がうるさいことを言ってきて……法律がややこしくなってきたから、うちの工務店でぜぇーんぶ墓石を退かして、丘を売り払っちゃった。更地にするための盛り土や整地や、その後の住宅と公園の基礎工事も、まとめてうちで請け負って職人も身内だけで済ませたから、お墓があったことはバレていないみたい」

「じゃあ、あの辺の地面の下には今でも……」

「うん。深く掘ったら、人の骨が無数に出てくるはず」

「江戸時代か、ひょっとするとその前から、うちの家系はここに住んできたんだから、何千体も埋まっているでしょう」

長女が「知らぬが仏ってこのことだよね」と言うと、三姉妹はケラケラと笑い転げた。

丘の住宅地では住人の入れ替わりが多かった。投機目的の金持ちではなく、ローンを組んで家族と暮らすための家を買ったふつうの人たちが、数ヶ月から二、三年という短期間で転居してしまう。そんなケースを何度も見た。

公園に近づくほどに、人が居つかないようだった。

その状況に拍車を掛けるような出来事もあった。

真夜中に、公園の前で男性の焼身自殺があったのだ。

翌朝、登校するときに早めに家を出て見に行くと、例の引っ越してしまった同級生の家の門に黄色いテープが張られていた。警察が張った立ち入り禁止の非常線の痕跡だろう。

門扉から一メートルほど公園側に離れた舗道のアスファルトに、白い粉が撒かれ、世界地図のような、あるいは空の雲のような不規則な模様を描いていた。

ずっと後にミステリー小説か何かで読んで、白い粉は石灰で、あの不思議な模様は、ガソリンや灯油などを自らかぶって体に火をつけた人が苦しみ悶えながら転げまわった跡だということを知った。

そんなことがあっても尚、利絵子さんはテレビの心霊番組やオカルト特集が好きだったが、中三のある日からその種のものは一切、見なくなった。

夏休みの昼下がり、両親の留守中に《あなたの知らない世界》というテレビ番組で心霊現象の再現ドラマを見ていたら、ピンポーンとインターホンが鳴った。

玄関の三和土に下りてドアスコープを覗き込むと、見知らぬ中年女性が立っていた。手ぶらで、半袖のブラウスに地味なズボンといった普段着の姿だ。無表情でうつむいていて、警戒する必要がなさそうに思えた。

そこでドアを開けたところ、その女性がパッと顔を上げて眦《まなじり》が裂けるほど目をみひらいたかと思うと、

「この辺りであんまり怖いものを見ない方がいいですよ！」

と、割れるような大声でひとこと言い、踵を返して走り去った。

逃げ足が速く、呆気に取られた一瞬の後、門の外へ追い駆けてみたときには、街路のど

こかに消えていた。

なぜ「怖いもの」を見ていたことが家の外にいる人にわかったのか。

テレビの音声は常識的なボリュームに抑えてあり、クーラーを掛けていたので窓はすべて閉め切っていたのに。

点けっぱなしだったテレビの前に戻ると、利絵子さんは急いでチャンネルを替えた。

それ以来、二五歳で結婚してその家を出るまで、心霊番組だけではなく怪談やホラー映画などにも触れないようにしてきたという。


——あれと同じ場所のような気がする。

このインタビューの途中から、私は、ある男性の体験談をしきりに想い起していた。

私は常時、SNSでインタビュイーを募集している。利絵子さんはその応募者で、彼も同じく電話インタビューをご希望された。

五四歳の男性で、およそ三〇年前に鎌倉で不思議な光景に遭遇したというのである。

「その頃、私は車を買ったばかりで、よく仕事の後で湘南の方をドライブしていました。当時は神奈川県内の独身寮に住んでいて、独りで行くときもあれば、仲のいい会社の後輩を助手席に乗せていくこともあって……」

その夜は後輩を連れていた。カーナビもスマホもない頃で、後輩は助手席で地図を眺めて道を確かめていた。湾岸道路を走りつくしてしまったので、行ったことのない道を探検してみることを、さっき二人で思いついたところだった。

後輩がルームライトの明かりに地図をかざしながら「由比ガ浜から北西へ進路を取って町なかを通って行けば、藤沢の駅前に出られますよ」と言った。

藤沢駅には数年前にＪＲに変わった旧国鉄と、小田急線、江ノ島電鉄が乗り入れている。

「よく知らないけど、駅の近くに夜遅くまで開けている店の一軒や二軒ありそうだな」

一〇分あまり車を走らせているうちに、後輩が「うわぁ」と情けない声をあげた。

「道を間違えたかもしれません。こんな入り組んだ住宅地に入る必要はないんです。さっきの三叉路まで戻りますか？」

たしかに、左右に家々の建ち並ぶ住宅地の中へ潜り込んでしまっていた。家並みが碁盤の目のように路地で区切られている。在るのはごくふつうの民家ばかりだが、庭木の育ち具合から推して、築二、三〇年は経っていそうだ。

どの家の窓も暗い。ダッシュボードの時計は零時を指していた。

「もうみんな寝てるのか。お年寄りが多いのかな……。こんな狭いところでUターンしたらエンジン音で目を覚ましちゃうかも……。なんとかならない？」

「直進して突き当りを右折、そのまま道なりに進めば、本来のルートに戻れそうです」

「じゃあ、そうしよう」

真っ直ぐ、先を急いだ。

緩かった坂道の勾配が次第にきつくなり、街灯がまばらになってきた。ついには前方が暗闇に吸い込まれてしまい、「おいおい、大丈夫かよ」と苦笑まじりにつぶやきつつも、尚も車を進めた。

いつしか家並みも途切れて、とうとう真っ暗闇に突入した。

次の瞬間、ヘッドライトが四角い石の群れを照らしだした。

「墓石ッ」と後輩が助手席で叫んだ。

行く手を広大な墓地が阻んでいた。

何百基あるかわからない墓の竿石は、長年雨風に耐えてきた証を表すかのようにどれも角が取れて、あるものは苔を纏《まと》い、あるものは夏草に半ば埋もれている。

よく見ると、墓地の奥の方に二階建ての家が一軒あった。

変哲もない民家だが、家より後ろに何も無いように思われるのが不可解だった。

墓地の端に車を停めて、後輩と二人でその家のそばまで歩いて行ってみたら、家の裏が深く切り込んだ崖になっていた。

崖より向こうは、底知れない黒一色の世界。

後輩と顔を見合わせると、無我夢中で車に駆け戻った。エンジンを掛けるや否や慌ててハンドルを切り返し、三叉路の交差点に戻るまで二人とも言葉を発する余裕もなかった。


——骨といえば井戸を思い浮かべてしまうのは、鳥山石燕《とりやませきえん》と京極夏彦先生の小説『狂骨の夢』のせいである。

小説の内容を全部話したら長くなるから、そこはただ「とても面白い」とだけ述べておくとして、作中作に『井中の白骨』という怪奇小説が登場する。

「狂骨は井中の白骨なり」と江戸時代の絵師・鳥山石燕は書いた。

石燕は、妖怪画集『今昔百鬼拾遺』で、「狂骨」なる妖怪の姿を描いた。

それは白髪を生やした骸骨が井戸からニューッと出てきている絵で、そこに添えられた解説の冒頭にこう記したのだ。

全文を現代語表記にすると、「狂骨は井中の白骨なり。世のことわざに、はなはだしきことをきょうこつと言うも、この怨みのはなはだしきより言うならん」となる。

この文の解釈には諸説ある。原因は「きょうこつ」なることわざが存在しないこと。

古くは神奈川県津久井郡に的外れで騒がしいことを表すキョーコツナイという方言があり、白骨を意味する「髐骨《きょうこつ》」という言葉もあるけれど、なんだかよくわからない。

そこで、とにかく狂骨という化け物は激しい怨みを抱きながら井戸の中にいるのだな、と、おおむね理解されるようになった。

改葬されず、地中深く埋められて、頭の上で人々が行き交うようになった亡骸たちも、怨みを抱えているのではないかと思う。

しかし問題の住宅地には、まさか井戸まではあるまいと思いきや、少し調べてみたところ、あの丘の麓で今でも水を湧き出させていることがわかった。

三姉妹の家があった辺りに近そう……いやドンピシャかもしれぬ……。

これ以上書くと場所を中《あ》てられてしまうので、この辺で筆を措いておく。

参考資料（敬称略／順不同）

『日本城郭大系 第5巻　埼玉・東京』柳田敏司・段木一行（編）／新人物往来社
『しくじり家族』五十嵐大／ＣＣＣメディアハウス
《全国空襲被害都市ネット》 http://www.kusyuhigaitosi.net/index.html
『うらめしい絵　日本美術に見る怨恨の競演』田中圭子／誠文堂新光社
『怪異の民俗学６　幽霊』柳田國男／小松和彦（編）／河出書房新社
『うらめしや〜、冥途のみやげ展カタログ』全生庵・三遊亭圓朝（所蔵）／東京藝術大学大学美術館（編）／東京新聞
『眼鏡絵の視点について』松尾妙子・面出和子／女子美術大学芸術学部芸術学科 https://www.jstage.jst.go.jp/article/jsgs1967/37/Supplement1/37_Supplement1_65/_pdf/-char/ja
《一口法話…幽霊とお化けの違い（茶筅供養から）》倉澤良裕／曹洞宗黒羽山大雄寺 https://www.daiouji.or.jp/houwa025.html
『日本魔界伝説地図』東雅夫（監修）／学研パブリッシング
《応挙の幽霊画。虚実一体型の反魂香図》黒猫の究美 浮世絵談義 虎之巻 https://blogs.yahoo.co.jp/mishima_doo/19504473.html
《朱い塚》 https://www.youtube.com/watch?v=-cuiP6Ljtko&feature=youtu.be
『重機ＡＴＭ荒らし、18人関与し被害8億円に』読売新聞（２００３／８／７）

《現場付近を封鎖する警察官　ＡＴＭ盗手配男が拳銃自殺》共同通信イメージリンク
https://imagelink.kyodonews.jp/detail?id=3532277
『ホタテ河童の物語』有吉忠作：作　井上のぼる：絵　山田町商工会
《3・11東日本大震災 山田町被害概要》
https://www.town.yamada.iwate.jp/fs/1/1/6/5/9/0/_/higashinihondaishinsai20230802.pdf
『結城の郷土史』石島滴水／崙書房
（国立国会図書館デジタルコレクション）https://dl.ndl.go.jp/pid/9640169/1/1
『稲川怪談　昭和・平成傑作選』稲川淳二／講談社

★読者アンケートのお願い

本書のご感想をお寄せください。アンケートをお寄せいただきました方から抽選で10名様に図書カードを差し上げます。
（締切：2023年10月31日まで）

応募フォームはこちら

実話奇譚　狂骨

2023年10月6日　初版第1刷発行

著者……川奈まり子
企画・編集……Studio DARA
カバーデザイン……荻窪裕司（design clopper）

発行人……後藤明信
発行所……株式会社 竹書房
〒102-0075　東京都千代田区三番町８－１　三番町東急ビル６F
email：info@takeshobo.co.jp
http://www.takeshobo.co.jp
印刷所……中央精版印刷株式会社